공공기관 홍보실무론

공공기관 홍보실무론

발행일	2022년 3월 25일		
지은이	배한진		
펴낸이	손형국		
펴낸곳	(주)북랩		
편집인	선일영	편집	정두철, 배진용, 김현아, 박준, 장하영
디자인	이현수, 김민하, 허지혜, 안유경, 최성경	제작	박기성, 황동현, 구성우, 권태련
마케팅	김회란, 박진관		
출판등록	2004. 12. 1(제2012-000051호)		
주소	서울특별시 금천구 가산디지털 1로 168, 우림라이온스밸리 B동 B113~114호, C동 B101호		
홈페이지	www.book.co.kr		
전화번호	(02)2026-5777	팩스	(02)2026-5747

ISBN   979-11-6836-199-7 03320 (종이책)   979-11-6836-200-0 05320 (전자책)

(주)북랩 성공출판의 파트너

북랩 홈페이지와 패밀리 사이트에서 다양한 출판 솔루션을 만나 보세요!

홈페이지 book.co.kr • **블로그** blog.naver.com/essaybook • **출판문의** book@book.co.kr

작가 연락처 문의 ▸ ask.book.co.kr

작가 연락처는 개인정보이므로 북랩에서 알려드릴 수 없습니다.

홍보전략의 수립과 실행

공공기관 홍보실무론

배한진 지음

북랩

십수 년 전까지만 해도 공공기관들의 홍보 목표는 간단했습니다.

주요 일간지와 지상파 방송에 자신들의 긍정적인 뉴스를 많이 내보내는 것이었지요.

기관장과 간부들이 출근하자마자 가장 먼저 종이신문을 펼쳤던 시절이었고 지상파 8시·9시 뉴스가 국민 여론을 주도했던 시절이었으니까요.

뉴스가 인터넷과 SNS를 통해 실시간 유통되는 지금과 달라서 오후만 되면 홍보담당 공무원들이 광화문 가판대 근처에 쪼그려 앉아 다음 날짜 신문을 꼼꼼히 체크하던 때였습니다.

그러나 지금은 사정이 많이 다릅니다.

기존 미디어 매체들의 뉴스를 포털이 흡수했고 블로그와 페이스북, 유튜브, 인스타그램 같은 SNS채널들도 각종 정보를 유통시키고 있습니다.

카카오톡과 밴드 등 개인 간 메시지 서비스와 커뮤니티도 뉴스 유통의 한 축을 이루고 있습니다. 종편채널도 생겼고 케이블 방송도 각 분야 뉴스를 홍수처럼 쏟아내고 있습니다. 인터넷 언론들은 또 얼마나 많이 생겼나요?

　해마다 실시되는 미디어 관련 조사에서도 종이신문으로 대표되던 기존 미디어들의 영향력은 확연하게 떨어지고 있습니다. 미디어 판도가 완전히 바뀌어 버린 것입니다.

　요즘 공공기관들은 기존 미디어 매체의 뉴스보도는 물론 포털과 SNS채널에 대한 전반적 관리까지 해야 합니다. 낭만 홍보 시대는 지났습니다.

　이 같은 미디어 판도 변화는 공공기관 홍보실무자들의 업무 영역을 증폭시켰고 '실시간'이라는 부담까지 가중시켰습니다.

　이 책은 바뀐 미디어 판도 속에서 다양한 매체와 채널들을 효율적으로 운용해 기관의 홍보목표를 달성할 수 있는 전략을 담고 있습니다.

　매체와 채널이 많을수록 전략적인 홍보활동이 필요합니다. 그렇지 않으면 다양해진 매체와 채널들을 제대로 관리할 수 없고 홍보목표 달성에도 기여할 수 없습니다.

　미디어 수용자들의 반응이 실시간으로 확인되는 상황에서 주먹구구식 홍보는 금방 들통이 나기 마련입니다.

　철저하게 계산되고 준비된 홍보가 절실한 이유입니다.

　아무쪼록 이 책에서 설명하고 소개하는 공공기관 모델의 홍보전략

수립과 실행, 평가방법 등이 현장의 많은 홍보맨들과 관리자들에게
유용한 길라잡이가 됐으면 합니다.

2022년 3월

배한진

C O N T E N T S

I. 홍보에 대한 오해

최고 관리자부터 실무자까지
모두 헷갈리는 홍보

김 팀장의 고민
잘 되면 실무부서 功, 얻어맞으면 홍보팀 罪

　　○○시청 공보담당관실 홍보담당 김 팀장은 오늘도 깨졌다.

　　"아니, 중앙일간지에 이런 것도 못 내? 그러면서 무슨 홍보팀이야? 내가 얼굴을 못 들겠어."(공보담당관)

　　"이거 홍보팀에 심각한 문제가 있는 거 아닙니까? 시장님이 그렇게 신경을 쓰셨는데. 이번 행사는 꼭 중앙일간지에 내 전국적으로 알려야 한다고 말예요. 시장님이 직접 연탄을 들고 하루 종일 달동네로 배달을 다녔는데. 시장님 고생하신 거를 밑에서 제대로 보좌해야지요."(부시장)

　　전날 언론에 배포한 보도자료는 '○○○시장 동절기 앞두고 직접 달동네 연탄 배달'이라는 내용이었다.

　　부시장은 벌써 몇 주 전부터 공보담당관실에 "이렇게 좋은 일은 꼭 중앙일간지에 알려야 한다"며 신신당부를 했고 공보담당관은 김 팀장에게 "무조건 신문에 내!"라며 특명을 내렸다.

　　그러나 결과는 이름도 잘 모르는 지방일간지 1곳과 지역신문 인터넷판에 아주 조그만 크기로 사진이 실렸을 뿐이었다.

　　이런 날은 매일 아침 시장실로 들어보내는 '언론보도 스크랩'을 감

　　　　　　　　　　　　　　　　공공기관 홍보실무론

추고 싶은 생각뿐이다.

"○○신문 ××× 기자 놈! 나하고 새벽까지 술 먹어 놓고는 부탁도 한번 안 들어줘? △△일보 □□□ 기자 놈도 그렇지. 어떻게 고등학교 선배 부탁도 한번 안 들어줘?"

김 팀장은 우선 기사를 부탁한 중앙일간지 기자들을 원망한다.

잔뜩 화나 있는 공보담당관에게도 "기자들에게 그렇게 절실하게 부탁했는데도 신문에 안 났다"며 변명을 해 본다.

그러나 그 변명이 통할 리 없다.

언제나처럼 김 팀장은 하루 종일 숨도 못 쉬고 공보담당관 눈치를 봐야 했다.

홍보담당 팀장으로 발령받은 지 1년.

김 팀장은 정말 하루도 편한 날이 없었다.

아침 7시 이전에 출근해 신문스크랩 확인하고 8시에는 당일 배포할 보도자료를 확인한다.

8시 30분이면 회의에 참석해야 하고 9시면 여지없이 공보담당관에게 불려가 신문스크랩에 대한 시장님의 반응을 전해 들으며 고개를 조아려야 한다.

10시쯤 되면 찾아오는 지방지 기자들을 일일이 상대해야 하고 점심시간에는 기자들과 낮술도 다반사다.

오후가 되면 통신사 뉴스를 검색하고 다음 날 돌릴 보도자료를 챙겨야 한다.

언론사 광고 집행, 시장님 언론사 방문, 언론사 인사이동에 따른 화환 준비, 언론인 상갓집 체크, 밤이면 또 술자리… 하루도 잔잔하게 지나가는 적이 없다.

홍보팀장은 승진하는 자리라고 해서 왔는데 요즘 같아서는 차라리 동사무소가 더 낫다는 생각이 절실하다.

잘했다고 칭찬 들어 본 적이 언제던가?

오늘도 시장님 연탄 배달 행사를 주관한 사회복지과는 한마디 핀잔도 듣지 않았다.

언론에 보도가 되지 않은 건 무조건 홍보팀장 책임이다.

몇 달 전에는 이런 일도 있었다.

출장을 나갔다가 하도 더워 냉커피라도 한잔 얻어 마실 요량으로 근처 동사무소엘 들렀다.

그런데 동장부터 공익근무요원까지 민원창구를 제외한 전 직원이 옥상에서 상추며 고추를 들고 내려오지 않는가.

그래서 동장에게 물었다.

"동장님, 그게 다 뭐예요?"

"응, 왔어? 주민자치위원회에서 옥상 공간 놀리면 뭐 하냐고 상추하고 고추, 토마토를 심었는데 요 앞에 양로원하고 고아원에 가져다주려고."

"그래요? 옥상에다 그런 걸 심어요? 그걸 또 양로원, 고아원에 준다고요? 이거 언제부터 하신 거예요?"

"나 오기 전부터 했으니 한 3년 됐을 걸."

"아이 참! 동장님 이런 걸 홍보해야지, 뭐 하신 거예요. 가뜩이나 보도자료 거리 없어서 죽겠는데…"

"아, 이 사람. 귀찮게 뭐 이런 것까지 홍보를 해. 난 모르니까, 당신이 하든지 말든지."

김 팀장은 당장 시청으로 달려가 직원들에게 보도자료 작성을 지시했고 사진도 챙겼다.

그리곤 다음 날 아침 보도자료를 배포했고 그 다음 날 유력 중앙일간지 사회면에 '동사무소 옥상, 3년째 외로운 노인들 위한 텃밭'이라는 제목의 기사가 큼직하게 나갔다.

또 그 다음 날에는 지상파 방송의 기자가 동사무소에 찾아와 촬영과 취재를 해갔고 그날 저녁 뉴스에 '따뜻한 소식'으로 보도가 됐다.

앵커는 말했다.

"요즘 행정기관들의 불친절이 자주 도마 위에 오르곤 하는데요. 한 동사무소가 3년째 옥상에 채소를 키워 인근 불우시설에 나눠주고 있어 훈훈한 화제가 되고 있습니다."

귀찮다던 동장은 뉴스에서 말했다.

"옥상에 채소를 키우면 태양열에 건물이 더워지는 것도 막아 냉방비용도 줄일 수 있고요, 이웃에게 도움도 줄 수 있어 이렇게 하고 있습니다."

잇따라 뉴스가 나가자 시청은 난리가 났다.

시장은 직원 월례회의 때 아예 동장을 불러 일으켜 세워 놓고 "모두 이런 공직 자세를 배워야 한다"며 15분간 칭찬을 했다.

시장은 "이렇게 우리 시의 이름을 중앙일간지와 전국 방송에 내보내는 훌륭한 동장이 자랑스럽다"며 가슴 벅차했다.

그러나 귀찮다던 동장을 제쳐놓고 뉴스를 발굴해 언론에 알린 홍보팀에 대해서는 한마디도 없었다.

그래도 이런 경우는 욕이라도 먹지 않았으니 본전이라도 한 거다.

세정담당 공무원이 지방세를 과다하게 부과해 언론에 뭇매를 맞을 때, 개통한 지 한 달도 안 된 지하차도에서 물이 줄줄 새 방송뉴스에 고발당할 때.

분명히 홍보팀과는 전혀 상관이 없는 일이었다.

잘못은 실무부서에 있다는 걸 모르는 사람은 아무도 없다.

그러나 욕은 홍보팀이 먹었다.

"도대체 홍보팀은 뭐 하고 이런 기사도 못 막아?"

결국 세금이 많이 부과된 것도, 지하 차도에서 물이 새는 것도 최종 잘못은 홍보팀에 있었던 것이다.

저녁 술자리.

"팀장님! 연탄 배달 기사 안 나간 게 어디 우리 책임인가요? 참 매번 이게 뭡니까. 우리만 죽일 놈 되고."

소주를 털어 넣으며 푸념을 하는 직원에게 김 팀장은 말했다.

"얌마! 원래 홍보가 잘되면 실무부서가 잘한 거고, 못되면 홍보팀이 못한 거야. 우리는 매일 죄인이라니까. 그걸 몰라? 짜식, 술이나 먹어."

일단 관리자 책임이다

최고 관리자의 잘못된 인식

시장의 연탄 배달 기사가 보도되지 않은 책임은 누구에게 있는 걸까?

그건 전적으로 최고 관리자인 시장과 보도를 지시한 부시장, 공보담당관 등 관리자 라인에게 있다.

동절기를 앞둔 연탄 배달.

그건 뉴스거리가 되지 않는다.

이미 많은 개인과 단체, 정치인, 자원봉사자들이 이웃들을 위해 연탄 배달을 하고 있다.

그런 많은 사람들이 훈훈한 마음으로 말없이 봉사를 하고 있는데, 비단 ○○○ 시장의 활동이 중앙언론에 보도될 이유는 없다.

대통령, 혹은 월드스타 'BTS' 정도의 대중적 관심을 끌 수 있는 사람이라면 모를까.

○○○ 시장은 그 정도의 가치가 없는 인물이다.

또 울산 현대중공업 직원과 가족 3만 명 정도가 시내부터 줄을 길게 늘어서서 달동네까지 연탄을 전달하는 방식이라면 규모 면에서 뉴스가 될 수도 있다.

이런 경우라면 많은 사람들 속에서 시장이 잠깐 비치는 정도는 가능하다.

그런데 ○○○ 시장이 펼친 활동은 그런 것도 아니다.

결국 ○○○ 시장의 연탄 배달 활동은 언론에 보도될 가치가 없다.

그런데 관리자 라인에서 그걸 실무진에게 "보도되게 하라"고 지시를 내린 것은 "노란색을 빨간색으로 알리라"는 지시와 다를 게 없다.

불합리한 지시는 조직의 업무 효율과 사기를 떨어뜨린다. 그 지시가 실무선에서 실행 돼 외부에 공개됐을 땐 대외적 신뢰도도 하락한다.

시장의 연탄 배달을 보도되게 하라는 지시로 인해 김 팀장과 같은 고급 인력이 효율도 나지 않는 노력을 했다.

그리곤 보도 실패로 인해 사기가 떨어졌다.

또 시장의 연탄 배달을 보도해 달라는 자료를 받은 기자들은 '참으로 유치하다'는 생각을 하며 이메일을 삭제했을 것이 분명하다.

이런 일이 계속되다 보면 당연히 시 당국의 신뢰도는 떨어지게 돼 있다.

이렇듯 하나도 이득이 없는 결과의 책임은 김 팀장이 아닌 시장을 비롯한 관리자 라인에 있는 것이다.

관리자 라인은 김 팀장에게 실무자로서 해서는 안 되는 일을 시킨 셈이다.

> 기사화를 구걸하거나 기사가 불만족스럽게 취급되었다고 불평하는 것은 PR실무자에게는 금물이다.
>
> -유재웅, 『정부PR』, p.129, 커뮤니케이션북스, 2010

이 같은 금물 사안을 조장한 것은 김 팀장 스스로가 아니라는 점, 따라서 1차적 힐책을 받아야 할 사람도 김 팀장이 아니라는 점을 관리자 라인도 알아야 한다.

필자는 기자생활을 통해, 또 홍보회사를 경영하며 김 팀장의 애로와 같은 사례를 무수히 경험했다.

기자 때는 말도 안 되는 보도자료를 부탁받으면 무시하고 넘어가면 됐지만 홍보회사를 하면서는 참으로 난감할 수밖에 없다.

돈을 받고 의뢰기관의 홍보를 수주했으니 기자 때처럼 무조건 무시할 수만은 없기 때문이다.

"시장님이 지역 경제를 확 살렸다는 기사를 보도되게 해 달라."

"우리 대표이사님이 자기 고향 노인정에 선물을 보냈는데 미담기사로 나가게 해 달라."

"시장님이 인터넷으로 시민들과 접촉하기 시작했는데 이게 전국적으로 보도되게 해 달라."

"우리 ○○님이 ××행사에 나오는 연예인과 함께 보도될 수 있도록 해 달라."

난감할 수밖에 없다.

내용은 제각기 다 달라도 결국은 시장님의 연탄 배달과 비슷한 경우들이다.

또 이런 황당한 지시의 대부분은 기업의 오너나 기관의 장들을 언론에 띄우겠다는 공통의 의도를 가지고 있다.

공직사회 혹은 기업 내부에서 홍보실무자들은 이 같은 지시를 무시할 수 없고 우리 같은 홍보대행사를 쓰고 있는 기업이나 기관의 실무자들은 이를 홍보대행사에 떠넘기기 마련이다.

이럴 경우 필자는 "안 된다"며 명쾌한 불가(不可)의사를 밝히는 것이 원칙이다.

만일 행사나 정책의 내용을 일부 조정하면 보도가 가능하다거나 조금 더 보강 취재를 하면 뉴스거리가 될 수 있다는 판단이 들면 그렇게 실행하지만 완벽하게 유치한 보도자료라면 '불가의사'를 정확하게 전달한다.

이런 유치한 보도자료를 돌리게 되면 홍보회사의 위상과 신뢰도 자꾸 떨어지게 된다.

이는 결국 기업의 입장에서 보면 대외신뢰도 하락과 차후 매출 감소로까지 이어질 수 있는 위험한 시도이기 때문이다.

또 의뢰기관 입장에서도 이 같은 유치한 보도자료는 안 된다는 인식을 가지고 있어야 홍보에 대해 많은 고민을 하고 좀 더 세련된 홍보시스템을 갖출 수 있는 것이다.

안 되는 것을 안 된다고 얘기하면 처음엔 의뢰기관 실무자들과 트러블이 생기긴 해도 이것이 시스템처럼 굳어 버리면 실무자들도 왜 안 되는 것인지 이해를 하게 된다.

"예전에 홍보팀장을 했는데 그 시장은 무조건 한 달에 15번 이상 지방지에 자기 기사가 나야 한다는 특명을 줬어요."

실제 수도권 자치단체의 홍보팀장을 지낸 공무원의 말이다.

그는 이 같은 지침을 지키기 위해 하루도 빼지 않고 술로 로비를 벌이는 노력을 마다하지 않았다고 한다.

"근데 그게 안 되더라고요. 매일 술 사주고 밥 사준다고 기사가 나가면 아예 술 잘 먹는 공무원 뽑아 홍보팀 꾸리게?"

결국 이 공무원도 시장의 황당한 지시로 '음주'라는 효율성 없는 단순 노동을 한 셈이다.

우리가 홍보를 대행했던 어느 중견기업의 실무자는 이런 부탁을 하기도 했다.

"우리 회장님이 나중에 국회의원 나가실 거예요. 그러니까 우리 회장님을 잘 띄워 주시면 돼요."

이에 사명감을 느낀 우리 회사 실무자가 말했다.

"예, 당연히 그래야죠. 그럼 회장님 대외 일정이나 활동사항들을 저희에게 모두 알려주셔야 해요. 그래야 저희가 홍보가 될 만한 사항을 찾아내죠. 그리고 저희가 회장님 뵙고 말씀도 들어보고, 대외적인 주목을 받을 수 있도록 컨설팅도 해드리면 더 좋고요."

"그런 건 없어요. 회장님 일정은 사내에서도 잘 몰라요. 그리고 우리 회장님은 하청업체 사람들 잘 안 만나요. 그냥 알아서 좀 해 주세요."

참으로 황당함의 극치였다.

홍보를 해달라는 사람이 일정도 비밀이고 만나주지도 않겠다면 뭐를 어떻게 하라는 건가?

그냥 돈 주고 홍보대행사 썼으니 알아서 잘해라.

이런 억지가 어디 있나?

결국 이 회사의 홍보를 진행하다 보니 이 회사가 대외적으로 주장한 '원천 브랜드'와 '판매 실적' 등등이 모두 허위였다는 엄청난 사실을 우리는 알게 됐다.

홍보를 위해 이런저런 자료를 요구할 때마다 이 회사 직원들이 "그건 곤란하다", "그런 자료는 없다"고 대답해 온 이유가 다 거기에 있었던 것이다.

조직의 풍토를 만드는 것은 90% 이상이 최고 관리자의 책임이다.

홍보의 풍토를 만드는 것 역시 전적으로 최고 관리자의 책임이다.

아무런 홍보거리나 자료도 제공하지 않으면서 "돈 줬으니 무조건 홍보하라"는 방식이나 "너는 홍보팀장이니까 당연히 기사를 내야 한다"는 방식 모두 조직의 풍토를 그릇되게 만드는 것들이다.

그럼 최고 관리자가 갖추어야 할 홍보 마인드는 무엇일까?

우선 신문이나 방송을 꼼꼼히 봐야 한다.

한 기관이나 기업을 책임지고 있는 관리자가 여론과 뉴스의 흐름을 무시한다는 것은 책임회피다.

신문이나 방송뉴스를 꼼꼼히 보는 습관을 들이고 자신의 분야 그러니까 기업의 경우 경제·산업뉴스, 자치단체의 경우 지방뉴스 등이 어떻게 흘러가고 있는가를 파악하면 "아, 이런 게 뉴스거리가 되는구나"라는 감각을 가지게 된다.

어떤 게 뉴스거리가 되는지를 알게 되면 적어도 "무조건 보도시켜라"는 억지를 부려 조직의 효율과 신뢰도를 떨어뜨리는 오류는 범하지 않게 된다.

뉴스의 흐름을 무시했다가 엄청난 고난을 겪어야 했던 사례도 다양하다.

대표적인 예가 지방자치단체들의 방만한 투자 사업이다.

최근 일부 자치단체는 지방의 방만한 투자 사업들이 연일 언론으로

부터 뭇매를 맞고 있는 상황에서 막대한 예산이 들어가는 신규 사업을 발표했다가 "이런 상황에서 더 정신 나갔다"는 논조로 비난을 받았다.

우리 의뢰기관의 경우 "절대로 지금 발표해서는 안 된다"는 만류를 뿌리치고 발표를 강행했다가 호된 질책을 받은 경우도 있다. 불난 집에 휘발유 들고 들어간 격이다.

최고 책임자가 뉴스의 흐름만 파악했어도 그런 고초는 없었을 것이다.

두 번째로 홍보의 메커니즘을 파악하고 있어야 한다.

신문이나 방송의 제작 시스템을 개략적으로나마 알아야 한다는 얘기다.

이런 메커니즘을 알면 별반 중요치 않은 보도자료를 오후 5시에 보낸다거나 퇴근 무렵에 기자회견을 하겠다고 홍보팀에 비상을 거는 오류를 범하지 않을 수 있다.

세 번째로는 홍보에 대한 시각을 보다 넓게 열라는 것이다.

권위적인 최고 관리자일수록 중앙일간지나 지상파 방송 홍보만을 고집하기 마련이다.

그러나 해당 기관이나 기업의 소식이 모두 중앙일간지와 지상파 방송에 보도될 가치를 가진 것은 아니다.

그렇다면 나머지 뉴스와 소식은 모두 버릴 것인가?

그렇지 않다.

현수막이나 SNS, 인터넷, 풋말, 소식지, 구전메시지 등등 최고 관리자가 우습게 생각하는 홍보수단들도 얼마든지 큰 효과를 볼 수 있다는 점을 명심해야 한다.

뒷부분에 가서 자세히 설명하겠지만 필자의 회사가 여러 차례에 걸쳐 조사해 본 바로는 현수막과 푯말 등도 어느 매체 못지않은 홍보효과를 발휘한다.

실제 필자가 경험한 현수막의 위력(?)을 소개해 보겠다.

모 지자체에서 시민 생활 만족도 조사를 의뢰해서 수행했다.

해당 지자체는 우회도로도 건설하고 지하차도와 고가도로도 놓고 도심 도로망을 대대적으로 정비하는 중이었다.

그런데 조사를 해 보니 시민들이 도로에 대해서 가장 큰 불만을 나타냈다.

이유는 '공사'였다.

상습 정체 도로망을 정비한다고 도심 곳곳을 파헤쳐 놨으니 앞으로 나아질 '개선 전망'보다는 현재 공사로 인한 불편이 불만이었던 것이다.

도로공사 현장 때문에 교통 불편이 발생할 수밖에 없으니 하루에도 수십 만 명이 해당 기관과 기관의 장을 욕하며 지나갔을 것이었다.

실제 민원센터에는 도로공사로 인한 불만 전화가 빗발쳤다.

필자는 이런 불만을 상쇄하기 위한 대안으로 '현수막'을 제시했다.

공사현장마다 '이 공사는 0000년 00월에 종료됩니다. 불편을 감수해 주서서 감사합니다'라는 내용의 현수막을 게시하는 것이었다.

시는 이 제안을 받아들였고, 민원센터 항의 전화도 곧바로 줄었다.

지금도 해당 지자체는 공사현장마다 이런 현수막을 걸고 있다.

교통 불편을 욕하던 그 수 십만 명은 현수막 한 장 때문에 '그래, 3

개월이면 끝나는구나'라고 생각을 바꿀 수 있다.

이처럼 현수막 같은 대수롭지 않은 매체들 역시 소중한 홍보도구로 활용된다는 것도 최고 관리자가 우선적으로 알아야 할 점이다.

최고 관리자가 홍보실무자만큼 세부 업무를 알 필요는 없다.

그러나 ▲뉴스의 흐름을 알고, ▲언론의 메커니즘을 알고, ▲홍보의 다양성을 알아야 한다는 세 가지 원칙만은 꼭 최고 관리자가 염두에 두고 있어야 한다.

전쟁을 지휘하는 사단장이 전차를 몰 줄 알고, 포를 쏠 줄 알고, 폭발물을 설치할 줄 아는 만능 전투요원일 필요는 없다.

하지만 언제 포를 쏴야 하고, 어디에 전차를 보내야 하고, 어느 폭발물이 얼마나 위력을 발휘한다는 큰 개념은 숙지하고 있어야 예하 부대의 지휘가 가능하다.

홍보도 마찬가지다.

적어도 뉴스의 흐름을 알지 못하고, 언론의 메커니즘을 모르고, 홍보의 다양성을 망각하고 있는 최고 관리자라면 조직의 홍보를 망쳐 버리거나 무개념 상태로 몰아넣을 수 있다는 점을 반드시 명심해야 한다.

홍보 실무진의 잘못된 인식
그렇다고 김 팀장이 잘한 건 아니다

다시 김 팀장 쪽으로 화제를 돌려보자.

그럼 시장의 연탄 배달 기사를 보도시키지 못한 김 팀장은 마냥 억울한 사람이고 아무런 잘못도 없나?

그렇지 않다.

김 팀장도 잘한 건 아니다.

적어도 홍보실무자라면 '업무의 정확한 파악', '홍보의 관점에서 업무조정' 등 2가지 기본 능력을 갖추었어야 했다.

자, 그럼 지금부터 김 팀장에게 부족했던 점을 하나하나 따져보자.

김 팀장은 이미 몇 주 전부터 "시장의 연탄 배달 봉사를 홍보하라"는 지시를 받았다.

그럼 홍보담당자로서 먼저 판단해야 할 것은 '연탄 배달'이라는 활동이 뉴스가 될 수 있느냐, 없느냐이다.

이런 판단을 위해 김 팀장이 활용할 수 있는 원칙은 다음과 같다.

사건의 '희소성'은 '의미성'과 '동조성'을 보완하는 뉴스가치성이다. 다시
말해 '흔한 것'으로 정의하는 것에 맞지 않는 '흔하지 않은 것', '신기한 것',

'비정상적인 것'이 뉴스가 될 가능성이 높다. 따라서 뉴스 미디어의 발행주기 안에 발생하는 사건일지라도 규칙적으로 반복되는 사건은 우리가 쉽게 예측할 수 있을 뿐만 아니라 희소성이 없기 때문에 뉴스가치를 갖기 어렵다.

-윤희중·신호창, 『PR전략론』, p.47, 책과길, 2001

김 팀장은 이런 판단원칙을 '시장(市長) 연탄 배달'에 처음부터 적용했어야 한다.

연탄 배달 봉사가 희소성이 있는 사건인가 아니면 시장이 희소성이 있는 인물인가.

이런 판단을 하기 위해 홍보담당자는 연탄 배달 봉사활동의 정확한 내용을 파악해야 하는데 홍보실무자가 갖추어야 할 기본 능력 2가지 중 첫 번째 '업무의 정확한 파악'이 그것이다.

연탄 배달에는 몇 명이 나오고, 연탄은 어느 공장에서 가져오고, 연탄 1장당 가격은 얼마고, 수혜를 받는 사람들은 누구이고, 배달 시간과 방식은 어떻고 등등.

이런 사소한 것들을 홍보의 관점에서 파악하다 보면 의외의 수확이 나올 수도 있다.

이를테면 인근 지역에 있던 연탄공장이 없어지면서 달동네 주민들이 불편을 겪을 처지에 놓여 있었는데 시가 직접 강원도 연탄공장에서 연탄을 실어다 주었다고 치자.

이건 분명히 단순한 연탄 배달이 아니라 연탄을 때지 못할 처지에 놓인 서민들의 실태를 보여주는 희소성 있는 뉴스가 될 수 있다.

그런 희소성에 시장을 자연스럽게 얹어 놓는 것이 홍보실무자의 임무이다.

그리곤 한 발 더 나아가 시 당국이 "아무리 연탄을 때는 가정이 줄어도 영세민들을 위해서는 수도권에서 연탄공장을 운영할 수 있도록 정책적 배려를 해줘야 한다"는 주장을 하도록 홍보팀에서 건의를 했다고 치자.

이건 그야말로 많은 사람들이 잊고 살았던 '연탄공장'에 대한 생각을 환기시키는 희소성 있는 주장이다.

만일 연탄 배달에 이런 숨은 사연과 가능성이 있었는데도 김 팀장이 발견하지 못했다면 홍보실무자로서 '업무의 정확한 파악'에 실패한 것이다.

김 팀장은 기본적인 업무파악조차 하지 않고 무조건식으로 홍보를 집행했기 때문에 실패할 수밖에 없었고 그건 고스란히 김 팀장의 책임인 것이다.

만일 김 팀장이 이런 업무파악을 제대로 했는데도 별다른 희소성을 발견하지 못했다면 "전국 방방곡곡에서 벌어지고 있는 연탄 배달 봉사, 특히 시장이 주도하는 연탄 배달 봉사는 희소성이 없어 뉴스가 되지 못한다"는 결론을 빨리 내렸어야 했다.

그럼 홍보담당자가 '희소성이 없다'는 이유로 홍보를 포기해야 하는가?

조직의 홍보를 맡고 있는 사람으로서 그럴 수는 없다.

시장의 연탄 배달 봉사에 희소성이 없다는 진단을 내렸다면 김 팀장은 홍보담당자로서 희소성을 부여하는 '업무조정'을 실행했어야 한다.

홍보실무자가 갖추어야 할 기본 능력 두 번째 '홍보의 관점에서 업무조정'이 그것이다.

원래 계획에는 없지만 홍보가 되게 하기 위해서 인위적으로 사업의 내용을 조정하는 기술이다.

이를테면 아무런 희소성 없이 단조롭게 진행되는 연탄 배달 행사에 시민 1만 명이 연탄창고부터 달동네까지 길게 줄을 서서 릴레이 배달을 벌이는 이벤트를 넣을 수도 있다.

또 퇴근길 시민들에게 비닐봉지에 연탄을 한 장씩 담아 주고는 달동네까지 배달하고 집에 가기 운동을 벌일 수도 있다.

뿐만 아니라 서민들을 위해 "정부가 나서서 가정용 연탄 지원을 늘리자"는 서명운동을 벌일 수도 있고 시청과 각종 사회단체에서 수여하는 상품과 기념품을 연탄으로 하고 수여자들이 이를 달동네에 기부하는 운동을 벌일 수도 있다.

연탄 배달을 추진한 실무부서가 행사 기획단계에서부터 이런 이벤트를 부여했더라면 문제가 될 것이 없다.

그러나 대부분의 실무자들은 "홍보가 잘되려면 어떤 이벤트를 벌여야 할까"라는 고민을 하지 않는다.

이번 연탄 배달의 경우에도 실무부서에서 지극히 단순한 봉사활동 차원의 '사랑의 연탄 배달'로 기획을 했을 뿐이지, 홍보를 위한 기획은 없었다.

그렇다면 홍보실무자인 김 팀장이 나섰어야 했다.

"지금 계획대로라면 전혀 홍보요소(희소성)가 없으니 홍보가 될 수 있는 요소를 가미해야 합니다"라고 말이다.

이것이 바로 홍보실무자가 갖추어야 하고 발휘해야 할 '홍보의 관점에서 업무조정'이다.

김 팀장이 지금까지 설명한 '홍보의 관점에서 업무파악과 업무조정'이라는 두 가지 요소를 충족하기만 했어도 시장님의 연탄 배달은 좀 더 나은 홍보성과를 거두었을 것이다.

그러나 김 팀장은 이런 능력을 발휘하지 못하고 "무조건 홍보하라"는 지시에 술 먹고 인맥을 동원하는 '주먹구구식' 홍보를 펼치는 데 그쳤다.

지시를 내린 관리자 라인이나 실행을 한 실무 라인 모두 홍보의 원칙을 이해하지 못한 탓이다.

그런데 실제 홍보를 담당하고 있는 실무자들은 지금까지 나열한 '홍보실무자가 갖추어야 할 2가지 능력'을 보고 이렇게 말할 수도 있다.

"업무파악도 해야 되고 홍보가 되도록 사업내용도 조정해야 한다는 데는 동의한다. 그런데 사업부서가 우리말을 듣는가? 그렇지 않다. 홍보팀에서 자료요청만 해도 귀찮아하는 마당에 사업내용까지 조정하자고 하면 난리가 날 것이다. 이러니 홍보부서만 만날 죽는 것 아닌가?"

맞다.

그래서 홍보는 시스템화되어 있어야 한다.

이는 곧 다시 최고 관리자의 마인드로 되돌아가는 문제이기도 하다.

홍보팀이 아무리 뛰어난 능력을 갖추었어도 실무부서에서 홍보팀을 귀찮은 존재로 여긴다면 아무것도 이뤄질 수가 없다.

그래서 최고 관리자는 홍보팀을 신뢰해야 하며 홍보팀에게 '기관 혹은 기업의 브랜드를 만드는 첨병'이라는 타이틀을 줘야 한다.

최고 관리자가 신뢰하는 홍보팀은 어느 부서에서도 쉽게 협조를 얻어낼 수 있지만 최고 관리자가 우습게 아는 홍보팀은 조직 내에서 '쓸데없는 자료나 요청하는 귀찮은 존재'일 수밖에 없다.

이러니 이번 연탄 배달 사건을 놓고 보면 김 팀장이 몸담고 있는 조직의 최고 관리자는 홍보마인드가 없고, 홍보팀을 신뢰하지 않는 데다, 홍보팀도 스스로도 능력을 갖추지 못했다는 결론이 나온다.

만일 시장이 홍보마인드가 있고 홍보팀을 신뢰하며 김 팀장도 능력을 갖추었다면 어떻게 됐을까.

김 팀장은 업무파악을 통해 연탄 배달 봉사활동의 조정을 건의했을 테고 실무부서는 이를 받아들였을 것이다.

시장도 그 과정을 지켜보며 적극 힘을 실어 줬을 것이다.

결국 시장이나 김 팀장이나 모두 나을 게 없었다는 것이 '연탄 배달 홍보'를 통해 도출된 결론이다.

II. 홍보단계론

홍보도 급수가 있다

1

홍보는 연애다

이번 장에서는 원론적인 얘기를 해 보도록 하겠다.

우리가 '홍보를 한다', '홍보실무자다' 얘기를 하는데 '과연 홍보가 무엇인가'를 자문(自問)해 보면 이렇다 할 답이 떠오르지 않기 마련이다.

또 많은 기관에서는 홍보부서를 '공보(公報)'라는 단어를 사용해서 공보관실, 공보담당관실이라고 부르기도 하고 제법 큰 기관에서는 대변인실이라는 명칭을 쓰기도 한다.

그럼 또 이런 자문도 가능하다.

공보는 무엇이고 대변은 무엇인가?

이와 함께 일부 기업에서는 홍보 관련 부서에 'PR(Public relations)'이라는 단어를 부여하기도 하고 '커뮤니케이션(Communication)'이라는 단어를 쓰기도 한다.

PR담당실장, PR마케팅부, 커뮤니케이션팀장 등등이 실제 사례다.

홍보, 공보, 대변인, PR, 커뮤니케이션 등등의 명칭을 사용하고 있는 부서들의 업무를 들여다보면 거의 비슷비슷하기 마련이다.

대언론 활동, 대내외 홍보, SNS 홍보, 이벤트 홍보 등등.

하는 일은 다 비슷한데 명칭은 왜 다른 걸까?

사실 학계에서는 이런 명칭에 대해 많은 설(設)과 이론들이 제기된 상태다.

아니, 이런 명칭들에 대한 해석과 논란으로만 수 백 페이지를 채운 책들도 서점에서 쉽게 찾아볼 수 있다.

이 책은 실무자들을 위한 지침서이기 때문에 이들 명칭에 대한 학설과 논란 해석에 대한 사항은 자세히 기술하지 않도록 한다.

하지만 앞으로 이 책에서 다뤄질 설명들을 보다 명쾌히 하기 위해서 용어에 대한 몇 가지 약속은 미리 해 두려 한다.

우선 다양하게 쓰이고 있는 홍보 관련 명칭들부터 정리해 보자.

① 홍보(弘報): 널리 알린다.

② 공보(公報): 기관의 정책이나 소식을 공적(公的)으로 알린다.

③ 대변인(代辯人): 누군가를 혹은 어느 기관을 대표해서 혹은 대신해서 말하고 설명한다.

④ PR(Public relations): 대중과 관계를 한다.

⑤ Communication: 소통한다.

말뜻을 그대로 풀자면 홍보는 널리 알리는 것이고, 공보는 공적으로 알리는 것이고 대변인은 대신 혹은 대표해서 알리는 것이다.

이들 한국어 단어들을 보면 모두 '알린다', '말한다'라는 일방적인 측면을 가지고 있다.

그런데 서구 단어인 PR과 Communication은 말 그대로 대중과 관계를 하고 소통을 하는 쌍방향형이다.

최근 들어 정부와 각급 기관, 기업에서 강조되는 것이 '소통'이다.

대통령도 소통을 강조하고 있고 여야는 물론, 각 정당의 소속 정치인들도 소통을 내세운다.

이에 따라 각 기관과 기업의 홍보 관련 부서들은 당연히 '일방적인 알림'보다는 '쌍방향 소통' 형식의 기능을 요구받고 있다.

특히 인터넷과 스마트폰을 통한 뉴미디어가 급속히 발달하면서 쌍방향 소통의 중요성은 더욱 강조되고 있다.

이제는 일방적으로 알려봐야 잘 믿지도 않고 반드시 수요자들의 의견과 욕구를 반영해야만 신뢰가 생기는 시대이기 때문이다.

국내 학자들도 이미 오래전부터 홍보기능이 일방적인 알림 수준을 뛰어넘어 쌍방향 소통으로 가야 한다고 주장해 왔다.

최근 일부 학자들은 "아예 홍보, 공보라는 단어를 쓰지 말고 PR이나 Communication, 소통 등으로 용어를 재정립해야 한다"고 주장을 한다.

이 같은 현상과 주장들을 종합해 보면 현대 사회의 홍보가 추구해야 할 방향을 알 수 있다.

"일방적으로 알리는 데 그치지 말고, 소통하고 관계하라."

이는 곧 우리 사회 모든 홍보부서가 재빨리 터득해야 할 원칙이기도 하다.

그렇다면 혹자는 "그럼 부서 이름부터 바꿔야 하는 것 아니냐"고 조바심을 낼 수도 있다.

이는 일부 학자들이 "우리가 쓰는 '홍보'라는 용어가 서구에 비해 뒤떨어진 개념"이라고 불만을 표시하는 것과 같다.

하지만 필자는 '용어'에 집착하지 말자고 당부하고 싶다.

이제는 홍보부서가 단순히 알리는 데 그치지 않고 관계하고 소통하는 전략까지 수립해 시행해야 한다는 대명제에 동의를 했다면 용어는 그다지 중요한 것이 아니다.

우리가 쓰는 홍보라는 단어가 단순히 '널리 알림'이라는 뜻만 가지고 있다고 해서 그걸 버리고 '소통담당관실', 'PR담당관실', '커뮤니케이션담당관실' 등으로 바꾸는 것은 전적으로 해당 기관이 알아서 할 일이다.

만일 나중이라도 학술적으로 혹은 사회적으로 기존의 홍보나 공보를 대체할 수 있는 용어를 정해 그것으로 대체하자는 분위기가 형성된다면 모를까, 홍보실무자들이 자신의 부서 명칭에 대한 고민에 시간을 할애하는 것은 소모적 낭비에 불과하다.

성경에 "사람이 빵으로만 살 것이 아니다"라는 구절이 있다.

여기서 빵의 의미는 진짜로 '빵'에만 국한된 것이 아니라는 것은 누구나 아는 사실이다.

이 구절에서 빵은 먹는 음식은 물론 물질적 이득 등 광범위한 의미를 함축하고 있다.

우리도 '홍보'라는 용어를 그렇게 진화시켜 생각하면 된다.

기존에 널리 알린다는 의미와 함께 소통하고 관계하는 의미까지 포함된 단어로 말이다.

지금까지 이렇게 장황한 설명을 늘어 논 것은 이 책에서 쓰는 '홍보'라는 용어에 대한 약속 때문이다.

이 책에서 쓰는 '홍보'라는 용어는 단순히 '알린다'는 의미는 물론

'소통한다(커뮤니케이션)', '관계한다(PR)' 등의 의미까지 포함하고 있다는 것을 밝혀둔다.

따라서 독자들도 이 점을 주지하고 이 책을 읽으며 홍보라는 개념을 보다 확장시켜 고민하고 생각해 주시길 당부 드린다.

자, 그럼 이제 홍보라는 용어에 대한 원론적 규정을 마쳤으니 과연 홍보는 어떤 것이고, 어떻게 실행해야 하는가에 대한 실무적 설명에 들어가도록 하겠다.

아주 쉽게 설명해서 홍보는 연애다.

홍보는 연애하듯 하면 된다.

연애는 상대가 있어야 한다.

상대 없는 연애는 절대로 성립이 안 된다.

홍보도 마찬가지다.

홍보도 반드시 대상이 있어야 한다.

연애할 때 내가 누구한테 잘 보여서 그 사람의 마음을 사겠다고 결심하는 것처럼 홍보도 어떤 대상으로부터 인정을 받겠다는 '대상(홍보고객) 설정'이 필요하다.

연애를 할 때 상대도 정해 놓지 않고 "나 연애할 테니 나 좀 잘 봐 줘라!"라고 외치고 다니는 것이 무모하듯 홍보에서도 "우리 좀 잘 봐 주세요!"라고 무조건 외치는 것은 안 된다.

열정이 있어야 연애를 할 수 있듯 홍보도 열정이 있어야 한다.

우리 기관의 홍보가 잘 돼도 그만 안 돼도 그만, 그냥 난 월급 받고 다니는 사람이니 될 대로 되라는 식이면 홍보가 잘될 리 없다.

연애할 때 상대의 심리와 취향 등을 자세히 파악해야만 상대의 마음을 얻을 수 있듯이 홍보도 대상의 욕구와 취향을 정확히 파악해야만 성공할 수 있다.

이렇듯 홍보를 연애라고 생각하면 찾아낼 수 있는 공통적인 방법과 절차들이 많다.

"홍보는 연애다"라는 주제를 놓고 단계별로 어떻게 홍보를 전개해 나갈 것인가는 다음 장에서 설명하도록 하겠다.

②

홍보단계론: S-S-P-C-I 모델

침묵(Silence)-보여주기(Showing)-설득(Persuasion)

-통제(Control)-일체화(Integration)

필자가 의뢰기관의 홍보를 집행하며 적용하고 있는 모델이다.

필자는 이른바 'SSPCI 모델'이라는 홍보단계별 유형을 개발해 의뢰기관의 홍보가 현재 어느 수준에 와 있고 더 발전하기 위해서는 어떤 요소가 필요한지를 판단하는 기준으로 삼고 있다.

외부 강의 등을 통해서는 '커뮤니케이션 단계론'이라는 제목으로 소개되기도 했는데 이 책에서는 홍보라는 단어를 '단순히 알리는 데 그치는 것이 아닌 소통하고 관계하는 단계'까지 확장시키기로 했으니, 홍보 단계론이나 커뮤니케이션 단계론이나 차이는 없다.

우선 SSPCI 모델의 첫 번째 단계는 '침묵'이다.

가장 하위의 홍보활동을 뜻하는 것으로 홍보기능이 아무런 활동도 없이 그냥 침묵하고 있는 것이다.

홍보는 연애라고 했으니 연애도 마찬가지다.

좋아하는 사람이 있는데 맘을 보여주지도 못하고, 말도 못하고, 쳐다보지도 않고, 우연을 가장해서라도 마주치지도 않고, 그냥 가만히 침묵만 하고 있다면 상대가 내 마음을 알 수 없다.

그렇게 되면 상대는 내가 자기를 좋아하는지 알 수가 없고 나는 벙

어리 냉가슴만 앓게 된다.

새로 개업한 식당이 있다고 치자.

새로 개업을 했으면 간판도 달고, 전단지도 돌리고, 지인들에게도 알리고 하는 홍보활동을 벌여야 하는데 아무것도 안하고 덩그러니 주방만 지키고 있다면 사람들이 알 수가 없다.

개업을 해 놓고 간판도 없이 침묵한다면 지나가는 사람도 거기가 식당인지, 서점인지 알 방법이 없다.

사실 말도 안 되는 얘기 같지만 공공기관 홍보팀 중에서도 이 처럼 홍보활동의 최하위 단계인 '침묵'으로 일관하는 곳들이 많이 있다.

그런 홍보팀이 하는 일은 1년에 몇 번 신문에 공고나 광고 내고 말도 안 되는 보도자료나 끄적거려 배포하는 원시적인 업무들이다.

필자가 기자생활 중 겪었던 실제 사례를 소개해 보겠다.

정부에서 살기 좋은 농촌을 꾸민다고 한 시골 마을을 선정했다.

그리곤 해당 자치단체에 예산을 지원해 동네 오솔길 전체를 자전거 하이킹 도로로 만들어 연결하고, 각 가정엔 농촌체험 민박시설을 들일 수 있도록 해 주겠다고 했다.

또 예술가들의 작업장을 유치해 도시 사람들이 농촌과 예술을 동시에 체험할 수 있는 환경을 만들어 주겠다고 했다.

계획대로라면 그야말로 동화 속에 나오는 시골 동네가 탄생하는 것이었다.

해당 자치단체 홍보실무자에게 전화를 했다.

"정부의 살기 좋은 농촌 마을 시범지역으로 선정되셨죠?"

-예? 아~ 예. 그런 게 있어요.

실무자는 전화 목소리부터 귀찮다는 듯 퉁명스러웠다.

질문만 하면 자랑을 늘어놓을 것이라고 생각했는데 당황스러웠다.

"사업 추진 일정이 어떻게 되죠?"

-글쎄 그건 돈 내려와 봐야 알죠.

"예술가들은 어떻게 유치하실 거죠?"

-몰라요.

"자전거 도로로 활용할 오솔길은 지금 상태가 어떤가요?"

-글쎄, 그것도 자세히 몰라요. 계획 올리라고 해서 올린 거니까. 봐야 알죠.

짜증이 났다.

이런 공무원한테 우리가 세금을 내 월급을 주고 있다니.

자신이 홍보실무자라고 했으면서 모든 걸 모르겠단다.

모르면 해당 부서 전화번호를 알려주거나 자기가 직접 알아봤어야 하는데, 자기네 단체장이 2년 내에 사업을 마무리하겠다고 직접 정부에 브리핑까지 했는데, 일정도 모르겠단다.

그건 모르는 게 아니라 귀찮은 거다.

귀찮아서 침묵.

결국 그 아이템은 기사화되지 않았다.

더 취재하면 대충 쓸 수야 있었겠지만 홍보담당자가 귀찮다며 침묵하는데 내가 더 적극적으로 나설 이유가 없었던 것이다.

그리고 몇 개월 뒤 해당 자치단체장이 비위혐의로 구속됐다.

'단체장이 잿밥에만 관심 있었으니 공직 풍토도 그랬겠지'라는 생각이 절로 들었다.

몇 년쯤 취재 현장을 다녀본 기자라면 누구나 이런 경험이 있을 것이다.

행정기관 업무를 분석하다가 좋은 아이템이다 싶어 취재를 시작했는데 "뭐 이런 걸 취재하느냐"며 귀찮아하는 담당 공무원.

나 같으면 먼저 나서서 홍보해달라고 난리법석을 떨었을 텐데, 그저 침묵으로만 일관하는 실무자.

홍보에서 침묵은 죄악이다.

그나마 기업은 사정이 낫다.

기업에서 신기술을 개발했거나 신상품을 개발했는데 홍보팀이 침묵으로 일관한다면 사장은 홍보팀 전원을 해고할 것이다.

그러나 인사 탄력성이 부족한 우리 공직사회에는 아직도 침묵으로 일관하는 홍보팀이 많다.

실무부서에 무슨 일을 하는지 파악하지도 않고 새로운 정책이 나왔어도 나하곤 상관없다며 모르쇠로 일관한다.

아쉬운 현실이다.

홍보의 단계를 나타내는 SSPCI 모델의 두 번째 단계는 '보여주기'이다.

연애를 예로 들어보자.

침묵으로 일관하는 연애가 아무런 소득이 없다는 것을 깨달았다면 상대방에게 나를 보여주는 작업에 들어가야 한다.

내 얼굴을 보여주고, 내 생활을 보여주고, 내 마음을 보여주는 작업이다.

그럼 어떤 것을 보여줘야 하나?

그건 당연히 상대방이 나에게 좋은 감정을 가질 수 있도록 나의 좋은 점, 장점을 골라 보여줘야 한다.

대신 약점과 나쁜 점은 최대한 보이지 않게 해야 한다.

그러려면 우선 나의 좋은 점과 장점이 무엇인가를 스스로 알아야 한다.

또 상대방의 욕구와 취향도 알아야 한다.

만일 내가 좋아하는 여성이 목소리 차분한 남자를 좋아하는데 나는 목소리가 걸걸하고 크다면, 상대 여성이 반바지 차림의 남자라면 질색을 하는데 나는 반바지를 즐겨 입는다면 어떨까.

이런 경우라면 자신의 취향과 상대가 좋아하는 취향을 정확히 파악하고 최대한 상대에게 나를 맞춰줘야 한다.

나의 강점이 무엇인지, 상대의 취향이 무엇인지도 모르고 무조건 들이대는 식의 연애 전술은 실패할 가능성이 크다.

홍보도 마찬가지다.

기업에서 새로운 자동차를 만들었다면 반드시 강점도 있고, 약점도 있다.

또 소비자들이 원하는 자동차가 무엇인지, 기존 자동차들의 문제점이 무엇인지도 파악이 가능하다.

그럼 홍보팀에서는 소비자들의 욕구를 먼저 분석한 뒤 그 욕구에 부합하는 신차의 강점들을 뽑아 집중적으로 홍보하는 전략을 구사해야 한다.

그냥 무조건식으로 좋다고 하는 것은 홍보가 아니다.

내 제품의 강점은 무엇이고 경쟁사의 약점은 무엇이며 소비자의 욕구는 무엇인가를 정확히 간파해야만 과학적인 홍보가 가능한 것이다.

이렇듯 홍보활동 2단계인 보여주기에서는 '무엇을 어떻게 보여줄까'라는 기술적 문제가 수반되기 마련이다.

그것은 철저한 분석능력과 치밀한 준비가 따라야 하는 문제다.

분석과 준비가 안 된 홍보팀은 십중팔구 '무엇을 보여줘야 하는지 모르는' 답답한 상황을 맞게 된다.

기업은 그나마 낫지만 공공기관의 경우 이런 홍보체계가 제대로 가동되지 않는다.

기업은 재화의 생산과 판매, 이윤의 극대화라는 목표가 정확히 설정돼 있지만 공공기관의 경우 '매출'이라는 가시적 성과가 없기 때문이다.

그러니까 공공기관 홍보가 잘돼서 어떤 결과가 생겼는지 눈으로 확인하기가 어려운 것이다.

그러다 보니 홍보도 덜 치열할 수밖에 없다.

현재 정책기관들의 경우, 특히 종합행정을 하는 지방자치단체의 경우 상당수 홍보팀이 '무엇을 보여줘야 하는지 모르는' 상황에 놓여 있다.

이건 앞 장에서도 언급했지만 비단 홍보팀의 문제가 아니라 지방자치단체장의 문제이기도 하다.

홍보팀이라면 적어도 해당 기관의 업무를 통째로 파악하는 상시 시스템을 갖추고 있어야 한다.

행정기관의 경우 보고 시스템이 엄청나게 잘 구축돼 있다.

일일 행사계획, 주간 행사계획, 주간 업무보고, 월간 업무보고, 확대 간부회의 자료, 연간 사업계획, 예산서, 기관장 일일 결재 사항 등등.

홍보팀에서는 이런 것들을 몽땅 파악하고 내용 전체를 숙지하고 있어야 한다는 얘기다.

이런 시스템을 갖추어 놓아야만 언제 무엇을 홍보할 것인지 계획수립이 가능하고 수시로 시의성 있는 아이템들을 골라 홍보요소로 삼을 수 있다.

홍보실무자는 반드시 자기 기관의 방대한 업무를 매일매일 파악하고 있어야 하며 뉴스의 흐름을 읽고 언제 무엇을 어떻게 홍보할 것인가에 대한 복안을 가지고 있어야 한다.

연애를 하면서 상대에게 보여지는 것은 자신의 머리부터 발끝까지, 혹은 자신이 준비한 조그만 선물부터 자신이 쓴 편지, 자신의 평소 습관, 손톱 밑에 낀 때, 하얗게 잘 세탁된 운동화, 은은한 향수, 웃을 때 보이는 금니 등 너무나 다양하다.

이 모든 것이 상대가 나를 평가하고 규정하게 만드는 요소들이기도 하다.

허우대 멀쩡하고 세련된 옷을 입었는데 손톱 밑에 항상 때가 끼어 있다거나 치아 사이에 만날 고춧가루를 붙이고 다닌다고 생각해 보자.

상대는 사소한 것에서부터 실망할 수 있다.

반대로 식사를 할 때 항상 상대의 수저를 먼저 놔주거나 바뀐 강의 시간을 잊지 않게 문자를 넣어 준다거나 하는 사소한 성의는 상대를 감동시킨다.

홍보도 마찬가지다.

대다수의 홍보실무자들은 주요 언론에 홍보가 돼야만 성공하는 것으로 알고 이것이 잘 안되니까 왕성한 홍보활동을 포기해 버리는 경우가 많다.

"우린 조그만 시골 지자체니까 어쩔 수 없지 뭐…"

홍보활동의 2단계 '보여주기'는 비단 언론을 통한 보여주기에 그치는 것이 아니다.

자신들의 훌륭한 정책이나 소식을 언론에 매번 보도시키면 그만큼 좋은 일이 없겠지만 그건 사실상 불가능한 일이다.

언론이 선택하기에 적합한 뉴스가 매일 쏟아져 나오는 기관은 청와대와 국방부 정도밖에 없다.

식당을 개업한 주인은 다양한 방법의 보여주기를 구사하기 마련이다.

간판도 달고, 전단지도 돌리고, 할인쿠폰도 배포하고, 이웃 친지를 통한 구전 홍보도 하고 등등.

알릴 수 있는 것은 능력범위 내에서 모두 하는 것이 왕성한 홍보활동인 것이다.

공공기관 홍보팀의 경우에도 활용할 수 있는 가용수단을 모두 리스트업 해놓고 시기와 홍보내용에 따라 적당한 수단을 정해 집행할 수 있어야 한다.

마치 연애할 때 사소한 모든 것에 신경을 쓰는 것처럼 말이다.

다음 그림은 필자의 회사가 공공기관에 제시하는 보여주기의 수단, 즉 홍보의 수단들이다.

홍보 가능 수단 체크리스트

언론	→	수시 자료생성
뉴미디어	→	홈페이지, 블로그, 스마트폰 등
방송프로	→	수시 런칭
현수막	→	메시지압축
벽	→	메시지압축
광고	→	대중화 메시지

문자메시지	→	수시 생성
소식지	→	구독용
구전 홍보	→	눈에서 입으로
이메일뉴스레터	→	수시 생성 발송
홍보캠페인	→	친절/교감 대화
설명회토론회	→	결과 보도화

⭐ 언제든 할 수 있는 수단

◉ 특정 시기에 할 수 있는 수단

지역에서 큰 축제가 열린다고 하자.

지자체 홍보팀에서는 우선 보도자료를 써 언론에 배포한다.

그건 당연히 해야 할 일이다.

그러나 그 자료가 언론에 대대적으로 보도가 됐다고 하더라도 지역 주민 모두가 내용을 알 수는 없는 것이다.

또 보도가 안 됐다고 하면 반드시 다른 수단을 강구해봐야 한다.

그렇다면 SNS를 무시할 수 없다.

웹공간에서 활동하고 있는 파워블로거와 유튜버, 커뮤니티를 찾아가 행사를 홍보하고, 별도의 행사 홈페이지나 블로그를 구축하고, 인스타그램이나 페이스북도 활용해 봐야 한다.

또 행사의 성격을 분석해 뉴스가 아닌 방송 교양정보 프로그램에도 문을 두드려 봐야 한다.

행사의 메시지를 압축한 현수막이나 벽보 등은 일반적으로 다 하는 일이다.

이와 함께 여력이 된다면 신문이나 방송에 광고도 집행할 수 있고 기관이 확보하고 있는 전화번호를 활용해 문자메시지를 보내거나 카카오톡 뉴스레터를 발송할 수도 있다.

기존의 기관 소식지가 있다면 이것도 적극 활용해야 하고 직원들이 직접 나가 옥외에서 홍보캠페인을 벌일 수도 있다.

행사와 관련된 학술적·사회적 내용을 가지고 사전에 토론회를 여는 것도 주목을 끌 수 있는 방법이다.

"그건 우리도 다 해 보는 건데 언론에 대대적으로 보도되는 게 최고 아닌가? 그런 것들이 무슨 효과가 있어?"라는 반문도 있을 수 있다.

물론 언론에 대대적으로 홍보가 된다면야 그만큼 좋은 효과는 없다.

그러나 언론을 제외한 여타 홍보수단들이 가진 효과를 절대로 무시해서는 안 된다.

뒤에서 더 자세히 설명하겠지만 필자의 회사가 여러 차례에 걸쳐 조사해 본 바로는 이들 여타 홍보수단들의 효과는 기대 이상으로 나왔다.

지역 행사의 경우 현수막의 홍보효과가 신문, 방송에 버금가게 지역 주민들에게 영향을 미쳤다.

별것 아닐 것이라고 생각하기 마련인 블로그는 가히 '파괴력'을 느낄 만큼 효력을 발휘했다.

필자의 회사가 수도권의 한 지자체 주민 1,000명을 대상으로 실시한 "어떤 경로를 통해 시의 정책을 알게 되십니까?"라는 설문조사의 결과를 보자.

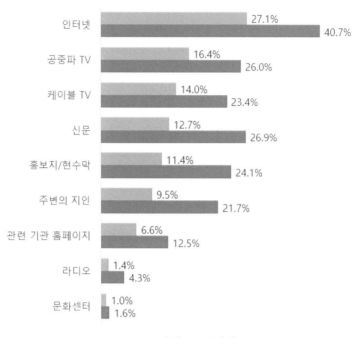

○○시 정책정보 인지 경로(2018년)

경로	1순위	1+2순위
인터넷	27.1%	40.7%
공중파 TV	16.4%	26.0%
케이블 TV	14.0%	23.4%
신문	12.7%	26.9%
홍보지/현수막	11.4%	24.1%
주변의 지인	9.5%	21.7%
관련 기관 홈페이지	6.6%	12.5%
라디오	1.4%	4.3%
문화센터	1.0%	1.6%

■1순위 ■1+2순위

인터넷이 압도적이고, 신문, 방송, 현수막, 지인을 통한 구전 등의 순이었다.

물론 '인터넷'이라고 답한 사람 중에는 포털에 노출된 신문, 방송의 콘텐츠를 본 경우가 상당수일 것이다.

이렇게 보면 인터넷과 신문, 방송은 따로 떨어져 있지 않은 유기적인 체계를 형성하고 있다고 할 수 있다.

그런데 현수막과 사람 대 사람을 통한 구전홍보의 비율을 보면 의외의 생각이 들 정도로 막강하다.

필자의 회사는 비단 이 조사뿐만 아니라 다른 조사를 통해서도 비슷한 결과를 얻었다.

2019년 ○○○박람회 유입률 조사

■현장접수
총 **434명**(6일 169명 / 7일 98명 / 8일 167명)

■현장접수 연령대

10대	1명
20대	10명
30대	23명
40대	46명
50대	139명
60대	126명
70대	39명
80대	19명
90대	2명
무응답	11명

■박람회 방문목적

재테크정보	46%
노후대책정보	48%
부동산정보	27%
강연	14%
기타	8%
무응답	3%

■박람회 알게된 경로

검색	8%
현수막	28%
재테크관련사이트	7%
방송	24%
기타_지인소개,버스	19%
무응답	5%

지역 행사로 치러진 이 박람회에서도 현수막은 관련 사이트와 방송을 능가하는 홍보성과를 기록했다.

따라서 지역 내 행사와 정책은 현수막의 위력이 압도적일 수 있다는 사례를 보여주는 것이다.

한정된 예산으로 지역 행사나 정책을 홍보하기 위해서 꼭 방송홍보 등과 같은 고비용 수단에 집중하지 않아도 충분한 효과를 낼 수 있다는 증거다.

2019년 ×××박람회 유입률 조사

■현장접수

총 **2862명**(8일 534명 / 9일 1195명 / 10일 1133명)

■현장접수 연령대

10대	65명
20대	111명
30대	308명
40대	698명
50대	765명
60대	456명
70대	174명
무응답	254명

■박람회 방문목적

쌀	30%
지역특산물	35%
가공식품	9%
요리강좌	6%
플리마켓	11%
기타	9%

■박람회 알게된 경로

검색	12%
현수막	21%
박람회관련사이트	12%
방송	4%
기타	51%

이 박람회에서는 방송이 24%를 차지하기는 했지만 역시 현수막 28%를 넘어서지는 못했다.

또 지인 소개(바이럴)와 버스 광고도 19%를 차지하며 높은 인지수단 역할을 했다.

물론 지역 내 행사라서 그렇겠지만 결국 우리가 별것 아니라고 생각했던 홍보수단이 주민들에겐 중요한 인지 수단으로 자리를 잡고 있었던 것이다.

이러니 홍보활동의 2단계, '보여주기'에서는 무엇을 보여줄 것인가를 찾는 것과 함께 어떻게 보여줄 것인가도 간과해서는 안 된다는 결론을 얻을 수 있다.

우리 기관의 홍보를 위해 무엇을 보여줄 것인가는 철저한 업무분석과 뉴스흐름 파악을 통해 가능하다.

또 어떻게 보여줄 것인가는 다양한 홍보수단의 적절한 활용을 통해 가능하다.

이것이 바로 SSPCI 유형 2단계 '보여주기'에 성공하는 길이다.

SSPCI의 3단계는 '설득'이다. 연애를 하기로 마음먹고 침묵을 깨고 보여주기 단계에 최선을 다했다면 이젠 상대방이 나를 좋아하도록 설득을 하는 단계로 접어들어야 한다.

"나와 결혼하면 어떤 점이 좋다", "나와 사귀면 어떤 점이 좋다"는 것을 상세히 설명해서 상대방의 마음을 움직이는 단계가 바로 설득이다.

기관이나 기업의 홍보도 마찬가지다.

자사 제품의 강점을 소비자들에게 충실히 보여줬다면, 기관의 훌륭한 정책들을 최대한 많이 보여줬다면, 이제 수요자들의 마음을 움직이는 전략을 펼쳐야 하는 것이다.

개인이나 집단이 설득되는 과정은 설득을 원하는 사람들이 설득을 위한 메시지를 먼저 제시하여 설득대상자의 관심을 끌어내야 하는데 이때 설득대상자는 무엇보다도 먼저 설득희망자가 주장하는 기본적인 결론과 그것을 믿을 만한 증거 자료를 포함하는 내용을 이해해야 한다.

효과적인 설득을 위해서 설득을 주도하는 사람은 설득대상자가 받아들여야 하고 동의해야 마땅할 요점을 제시한다. 설득대상자의 직접적인 관심을 끌지 못하게 되면 설득주도자는 기회가 무르익을 때까지 기다려야 한다. 궁극적으로 설득과정은 설득대상자가 설득이 추구하는 새로운 태도가 함축하고 있는 행동의 수행을 보여줌으로써 그 성공여부를 판가름할 수 있다.

-유일상, 『선전과 여론설득』, p.134, 도서출판아침, 2001

기관이나 기업의 홍보실무자 입장에서 보자면 '정보를 제공해서 소비자 혹은 정책수요자들의 태도를 우호적으로 바꾸어 놓는 것'이 설득이라고 할 수 있겠다.

식당을 개업했을 경우에도 간판을 달고 전단지를 돌리는 '보여주기' 홍보단계를 뛰어넘어 우리 식당에 와서 음식을 사먹도록 소비자들을 설득하는 단계가 필요한 것이다.

이 설득에 성공하기 위해서는 3가지 요소가 필요하다.

우선 2단계 '보여주기'의 작업이 충실히 이행돼 있어야 한다는 것이다.

해당 기관이나 기업의 강점이 오랜 시간에 걸쳐 수요자들에게 노출됐어야만 설득이 용이하다는 얘기다.

연애를 할 때도 갑자기 "나하고 결혼합시다"라는 제안을 했다가는 퇴짜를 당하기 십상이다.

사전에 나라는 존재의 좋은 모습을 충분히 보여준 다음에 프러포즈를 해야지, 그렇지 않으면 결혼 설득에 실패할 공산이 크다.

기관이나 기업도 마찬가지다.

난데없이 갑자기 자기 기관의 정책 혹은 자사의 제품을 인정해 달라고 주장을 하면 설득이 되지 않는다.

그전에 기관의 정책 혹은 기업 제품의 강점을 충분히 보여줬어야 하는 것이다.

많은 기관과 기업들이 언론 홍보 및 광고를 꾸준히 진행해 나가는 것도 이 때문이다.

그간 여러 정책이나 제품의 홍보를 미루어 보면 밀어붙이기식 설득이 효력을 발휘하지 못하는 이유가 바로 여기에 있는 것이다.

이 책의 모든 범위에서 누누이 강조하겠지만 SSPCI 모델은 단계별로 연속성을 가진다.

그러니까 홍보단계 중 가장 원시적인 S단계(Silence.침묵)를 깨야만 다음 S단계(Showing.보여주기)가 가능하고, 보여주기 단계를 잘해야만 P단계(Persuasion.설득)가 가능하다는 것이다.

침묵을 하고 있는 사람은 내 장점을 보여줄 수 없고 내 장점을 보여주지 못한 사람은 상대를 설득할 수 없는 것과 마찬가지다.

설득에 성공하기 위해서 필요한 두 번째 요소는 '관계와 소통'이다.

SSPCI 모델의 2단계 '보여주기'는 일방성이 강하다.

그러니까 홍보를 집행하는 쪽에서 자신의 장점을 보여주는 데 주력하는 것이다.

그래서 보여주기는 쌍방향이 아닌 일방적 홍보단계라고 할 수 있다.

보도자료를 만들어 언론 뉴스가 되도록 한다거나 길에 현수막을 건다거나 소식지를 만들어 배포하거나 광고를 내는 행위들이 여기에 해당한다.

대부분의 홍보실무자들은 자신들의 임무를 이 같은 '보여주기 단계'에서 그치는 것으로 알고 있다.

또 실제 10여 년 전만 하더라도 홍보실무자들이 할 수 있는 일은 '보여주기'까지가 전부였다.

그러나 인터넷과 모바일, SNS 등 쌍방향 매체가 발달하고 소통과 관계가 홍보의 개념에 적극 적용되면서부터 '설득'은 '보여주기'를 능가하는 단계로 자리를 잡았다.

설득을 하려면 일방적으로 혼자 떠들어서는 안 된다.

내가 가진 주장이나 정보를 상대방에게 주고 상대방의 반응과 의견을 확보해 상대가 우호적인 태도 변화를 하도록 지속적으로 관계하고 소통해야 한다.

"결혼하자"고 일방적으로 프러포즈를 해 놓고 나 몰라라 하면 설득을 할 수 없다.

상대의 반응을 살펴가며 지속적으로 대화를 하고 의견을 나눠야만 한다.

홍보도 마찬가지다.

일방적으로 보여주는 데 그쳐서는 안 된다.

우리 기관의 정책 혹은 우리 기업의 제품에 대해 소비자들이 어떻게 생각하는지 끝없는 관계와 소통을 통해 파악한 뒤 그들과 대화를 통해 태도 변화를 이끌어 내야 한다.

그것이 바로 설득이다.

홍보에 있어서 설득은 뉴미디어의 발달과 함께 진보했는데, 요즘 인기를 끌고 있는 유튜브와 페이스북, 인스타그램 등은 물론 홈페이지, 블로그, 카페, 이메일, 언론사 게시판 등이 설득의 창구가 될 수 있다.

전화 상담이나 직접 대면, 특정 집단과의 우호 관계 등의 전통적인 방법도 여전히 유효한 설득의 창구이다.

설득에 성공하기 위한 3번째 요소는 '의도와 예측'이다. 설득은 반드시 의도가 있어야 한다.

프러포즈를 하는 사람은 상대의 맘을 얻어 결혼하겠다는 의도, 기업의 입장에서는 제품을 팔겠다는 의도, 정당의 입장에서는 유권자 표를 얻겠다는 의도 등등 설득에는 반드시 의도가 들어가 있어야 한다.

따라서 홍보실무자 입장에서는 자신의 기관 혹은 자신의 기업이 정책수요자나 소비자들을 설득하는 의도가 무엇인지를 정확히 간파해야 한다.

그리곤 우리가 이런 의도로 이런 식의 설득을 하면 상대방이 어떤 태도를 보일 것인가에 대한 예측을 할 수 있어야 한다.

정책수요자 혹은 소비자들의 태도를 예측하는 방법은 특정 정책 혹은 제품에 대한 '욕구 조사'나 '만족도 조사'를 하는 방법을 비롯해 인터넷 댓글을 분석하는 방법, 오피니언 리더를 비롯한 특정 집단에 대한 심화면접을 통하는 방법 등 다양하다.

우리 기관이 혹은 우리 기업이 어떤 의도를 가지고 어떻게 설득을 할 것이며, 이 경우 수요자 층에서는 어떤 태도를 보일 것이라는 예측 기능을 가지고 있다면 설득은 성공할 가능성이 더욱 많아진다.

설득에 성공한 기관이나 기업이라면 SSPCI 모델의 4번째 단계인 '통제(Control) 단계'로 자연스럽게 넘어가게 된다.

한 여배우가 텔레비전 CF에 나와 매혹적인 춤을 춘다.

그녀는 CF 내내 시청자들을 정면으로 바라본다.

음악은 고조되고 그녀의 흐느적거리던 춤사위도 빨라진다.

CF 내내 한마디 대사도 없고 제품에 대한 설명도 없다.

그리곤 춤과 음악이 절정에 달할 무렵, 그녀가 뇌쇄적인 목소리로 자신이 홍보하는 회사의 제품 이름을 속삭인다.

CF 내내 제품에 대한 언급은 그녀가 마지막에 속삭인 제품명이 전부다.

이 정도의 CF를 내보낼 수 있는 회사라면 그간 수십 년 이상을 엄청난 노력과 비용을 들여 기업 홍보를 해 온 경우다.

이미 침묵(Silence)을 깨고 미디어와 광고를 통해 소비자들에게 충분히 기업을 보여줬으며(Showing) 우리 제품을 구매해 달라는 설득(Persuasion)도 오랜 기간에 걸쳐 진행했다.

이런 기업은 이제 SSPCI 모델의 4번째 단계인 소비자들을 통제(Control)하는 홍보수준에 도달해 있는 것이다.

자사 제품을 소상히 설명하거나 소개하지 않아도 매혹적인 여배우를 앞세워 "이런 신제품이 나왔으니 그렇게 알아라"고 소비자들을 통제하는 것이다.

소비자들을 설득하는 정도를 뛰어넘어 통제하려면 오랜 기간에 걸쳐 보여주고 설득하는 SSPCI 모델의 2, 3단계를 성공적으로 수행해야 한다.

이를 통해 얻어지는 것을 '브랜드'라고 하는데 세계적인 브랜드들은 소비자들을 설득하는 수준이 아닌 통제하는 수준으로 발전돼 있다.

우리가 자연스럽게 편의점 냉장고 문을 열고 코카콜라를 집어 드는 것이나 현대차를 타던 사람이 다음에도 반드시 현대차를 구매하는 경향, 삼성 휴대전화를 쓰던 사람이 다른 회사 제품을 집어 들고는 불안해하는 성향 등은 모두 무의식적으로 브랜드의 통제를 받기 때문이다.

컴퓨터 가게에 가서 "컴퓨터 운영체제 좀 깔아주세요"라고 하지 않고 "윈도우 깔아주세요"라고 마이크로소프트의 제품 이름을 자연스럽게 부르는 경우는 소비자들이 철저하게 마이크로소프트의 통제를 받고 있다는 것이다.

이는 모두 해당 기업들이 오랫동안 자사의 제품과 회사 이미지를 보여줬고 소비자들을 설득해 왔기에 그들을 통제할 수 있는 '브랜드'가 구축돼 있다는 공통점이 있다.

기관의 경우에도 그간 정책수요자들에게 자신들의 긍정적 모습을 충실히 보여주고 설득해 왔다면 국민들은 해당 기관의 정책을 보다 높게 신뢰할 것이다.

이는 곧 해당 기관이 특정 사안을 발표했을 때 국민들이 이를 잘

따르고 인정하는 경향을 보이는데, 이는 해당 기관이 홍보의 기술을 통해 국민들을 '통제'하는 SSPCI 모델의 4단계에 와 있는 것이다.

예를 들면 도로공사는 매년 명절에 귀경이나 귀성길 상황을 언론과 인터넷, 모바일 등을 통해 충실히 그리고 실시간으로 보여줘 왔다.

실시간 전달이 가능하다는 현대 미디어의 장점을 적극 살려 그간 도로공사는 귀경·귀성길 보여주기를 성공적으로 수행할 수 있었고 "지금 떠나면 안 된다", "2시간 후쯤에는 훨씬 괜찮다"는 설득까지 펼쳐왔다.

이제 "도로공사 정보가 부실하다", "도로공사 정보 때문에 더 막혔다"는 비난은 찾아보기 힘들다.

이런 탓에 이제 도로공사는 명절 때마다 자신들이 제공하는 정보로 국민들을 통제하는 수준에까지 왔다.

그간 도로공사가 제공한 정보가 대부분 틀렸다거나 도로공사가 정보 제공에 불성실했다면 이런 통제수준까지는 오지 못했을 것이다.

도로공사는 오랫동안 실행해 온 충실한 보여주기와 설득을 통해 명절 도로상황 정보만큼은 국민의 신뢰를 얻었으며 이를 바탕으로 명절 도로를 통제하고 있는 것이다.

연애를 예로 들면, 상대방이 내가 없으면 궁금하고 보고 싶고 아쉬워하는 경지, SSPCI 모델의 4단계인 통제다.

귀경길 운전자들이 도로공사의 정보가 없으면 궁금하고 아쉽고 걱정돼서 쉼 없이 라디오 채널을 돌리거나 모바일 검색을 하는 것과 같다.

SSPCI 모델의 마지막 5번째 단계는 일체화(Integration)이다.

이 수준은 아예 정책수요자나 소비자들이 해당 기관과 기업을 '나와 같은 존재'로 인식하는 홍보효과의 최고 경지라고 할 수 있다.

앞서도 언급했지만 SSPCI 모델은 연속성을 가지고 있다.

다시 말하면 홍보효과가 5단계까지 오려면 이전 단계들이 모두 성공적으로 수행돼야 하는 것이다.

침묵을 깨고, 보여주고, 설득하고, 통제하는 데 모두 성공을 해야 비로소 정책수요자와 소비자들은 홍보주체와 일체화가 되는 반응을 보인다.

4단계인 통제를 넘어서 일체화의 성과를 얻으려면 이전 단계들이 충실히 수행된 다음, 좀 더 기술적이고 의도된 전략이 필요하다.

다시 연애를 예로 들어 보자.

내 연애 상대에게 침묵(1단계)을 깨고, 보여주기(2단계)에 성공했고, 설득(3단계)하는 데도 성공했고, 통제(4단계)하는 데도 성공했다.

그럼 이제 그 상대가 나를 자신과 하나로 생각하는 일체화(5단계)과정이 필요하다.

단지 안 보이면 그리운 것이 아니라 나와 자신을 하나로 생각하는 단계인 것이다.

그러려면 전제돼야 할 것이 '공유'와 '스킨십'이다.

저 사람이 좋다고 무조건 일체화가 되는 것은 아니다.

뭔가를 공유해야 한다. 미래의 계획을 공유하거나, 서로의 인생을 믿고 맡길 만큼 신뢰를 공유하거나 해야 한다.

또 부단한 스킨십도 가져야 한다.

함께 여행을 가거나 운동을 가거나 영화를 보거나 하면서 부단한 스킨십이 이뤄져야만 비로소 연애의 최종 목표인 일체화를 얻을 수 있는 것이다.

자, 이것을 홍보에 적용해 보자.

공공기관은 정책수요자들과 기업은 소비자들과 뭔가를 공유해야 하고 부단한 스킨십도 가져야 한다.

그럼 무엇을 공유할 것인가?

일단 공공기관의 경우 정책수요자들과 "멋지고, 재미있고, 안전하고, 행복하게 살 수 있다"는 미래지향적 가치를 공유해야 한다.

이것은 '정책 메시지'나 '정책 브랜드 가치'가 될 수 있는데 정책수요자들에게 "무엇을 하겠습니다"라는 단편적 선언보다는 "무엇을 하면 이런 점이 좋아집니다"라는 메시지를 근거와 함께 제시해야 한다는 것이다.

이를테면 국방부가 단순히 "5,000억짜리 정찰기를 도입하겠습니다"라고 하는 것과 "5,000억짜리 정찰기를 도입하면 북한 전 지역의 군사 움직임을 파악할 수 있어 연평도 포격과 같은 공격에 대비할 수 있습니다"라고 하는 것은 많은 차이가 있다.

단순히 정찰기를 도입하겠다는 메시지는 국방부가 내놓은 계획에 불과하다.

하지만 정찰기가 도입되면 국민들에게 어떤 점이 좋다는 메시지는 정책수요자들로 하여금 자신의 안전과 국방부의 계획을 일체화시키는 효과를 가져올 수 있다.

이렇게 되면 정책수요자들은 국방부의 정찰기 도입을 자신의 일처럼 지지를 하고 관심을 가지게 된다.

지자체가 도로를 하나 개설하는 데도 이러한 일체화 전략이 필요하다.

주민들에게 제대로 알리지도 않고 도심 한복판에서 3년짜리 도로 공사를 시작했다고 치자.

주민들은 교통 불편만 얘기하며 시 당국을 비난할 것이다.

그런데 "이 도로가 완공되면 접근성이 개선돼 상권과 주거환경 개선에 도움이 된다"는 내용의 메시지를 자세한 근거와 함께 제시했다면 얘기가 다르다.

인근 부동산 중개업소에만 이 같은 계획을 잘 홍보해도 주민들 사이에서는 집값이 오른다, 상권이 좋아진다는 기대심리가 작용해 자신의 일로 생각하는 일체화 현상이 생기게 될 것이다.

기업의 경우에는 이미 자신들의 브랜드 이미지를 통한 일체화 전략을 오래전부터 펴고 있다.

아디다스나 나이키가 월드컵 때 각국 대표선수단에게 자신들의 브랜드가 찍힌 유니폼을 입혀 이를 보는 해당 나라의 국민들이 그 브랜드와 자신들의 대표팀을 일체화시켜 인식케 하는 전략이 대표적이다.

또 우리가 종종 볼 수 있는 '대한민국 대표 아파트', '파이팅 코리아' 등의 기업 로고들도 자사의 브랜드를 대한민국의 이미지와 일체화시키려는 의도를 담고 있다.

정책기관과 기업의 이 같은 공유 전략들은 정책수요자 혹은 소비자들이 자신과 기관·기업을 하나로 느끼게 해 전폭적인 지지와 소비선택을 이끌어 내려는 고도의 기술이다.

또 한 번 강조하지만 이 경우도 SSPCI 모델의 전 단계들이 모두 성공적으로 이뤄졌을 때만 가능하다.

자신들의 정책이나 제품을 제대로 보여주지 못한 기관과 기업, 대중을 제대로 설득하지 못한 기관과 기업은 아무리 "대한민국"을 외치며 의식을 공유하려고 해도 국민들이 믿어주질 않는다.

매번 틀린 정보를 발표했거나 국민과 제대로 소통하지 못한 기관이 어느 날 갑자기 '국민을 위한 일'이라며 특정 사업을 발표한다면 그걸 누가 믿겠는가?

일체화를 이루기 위해 '공유'와 함께 필요한 수단이 '스킨십'이다.

스킨십은 기관 혹은 기업의 구성원들이 밖으로 나가 대중과 접촉하는 일상의 스킨십과 의도된 이벤트성 스킨십으로 나눌 수 있다.

일상의 스킨십은 기관과 기업의 구성원들이 일상적인 대중 접촉을 통해 혹은 영업활동을 통해 부단히 이뤄지고 있는 생활의 일부분이라고 하겠다.

여기서 강조할 것은 생활의 일부분인 일상의 스킨십이 아니라 충분히 의도되고 기획된 이벤트성 스킨십이다.

세계적 기업 네슬레는 프랑스 사람들이 휴가를 떠나는 길목의 한 휴게소에 유아용 시설을 만들고 유아용 이유식과 기저귀 등을 제공했다.

소비자들은 이곳에서 네슬레의 이유식과 유아용품들을 사용해 보고 장점과 단점을 애기한다.

내 아이가 쓰는 것이니 정말로 내 아이에게 필요한 것들을 애기한다.

이곳에서 소비자들은 자연스럽게 내 아이와 네슬레를 일체화시켰고 이는 곧 기업의 브랜드를 공고히 하는 데 기여했다.

BMW는 매년 유럽의 명문 휴양지에서 아마추어들을 대상으로 '테니스 및 골프대회'를 연다.

이곳에는 BMW를 비롯한 자동차 마니아들, 구매력 있는 테니스 및 골프 동호회원들이 모여든다.

BMW는 이들의 고급스런 취향과 자사의 브랜드를 자연스럽게 매치시킨다.

참가자들에게 BMW와 자신들을 일체화시키도록 하는 전략이다.

이 세계적 기업 2곳의 사례를 보면 소비자들과 자신들의 브랜드를 일체화시키려는 고도의 기술적 의도가 숨어있다는 것을 알 수 있다.

스킨십을 하되 그냥 하는 것이 아니다.

이들 두 회사는 제품을 필요로 하고 구매할 수 있는 계층을 겨냥했다.

유아 휴게소에 들어온 사람, 테니스 및 골프 대회에 참가한 사람들은 그야말로 고객층이거나 잠재된 고객층이다.

그리곤 이들이 자사의 브랜드에 대해 애착을 갖게 했고 마치 참가자들이 자사 브랜드의 주인인 것처럼 명예를 부여했고 의견을 개진토록 했다.

자사 브랜드를 멀리서 보는 것이 아니라 참여하도록 했으니 일체화의 효과는 더욱 빠를 수밖에 없다.

네슬레 휴게소에 들렀던 사람과 BMW 골프, 테니스 대회에 참가했던 사람은 그 브랜드의 재구매 고객임은 물론, 자기 일처럼 브랜드를 홍보할 마케터들이다.

  이것이 바로 철저하게 계획되고 의도를 가진 일체화를 위한 이벤트성 스킨십이다.

③

홍보 단계의 연속성을 잊지 말라

거듭 강조하지만 지금까지 설명해 온 SSPCI 모델은 반드시 연속적이고 단계적으로 이행돼야 한다.

침묵을 깨야만 보여줄 수 있고, 충실히 보여줘야만 설득할 수 있고, 잘 설득해야만 통제할 수 있고, 통제해야만 일체화시킬 수 있다는 것이다.

기업의 제품이나 기관의 정책을 제대로 보여주지도 못하면서 소비자나 정책수요자와 일체화를 이루겠다는 욕심은 그야말로 허황된 것이다.

기업이나 기관의 홍보실무를 맡고 있는 담당자들은 이 점을 반드시 숙지하고 자신들의 수준이 지금 어디까지 도달해 있는지를 판단해야 한다.

그리곤 한 단계 나아간 수준으로 도약을 준비해야 한다.

홍보는 반드시 한 번에 이뤄지지 않는다는 것을 보여주는 것이 SSPCI 모델이다.

SSPCI 홍보단계론

단계	상태	방법
침묵(S)	침묵	그냥 있음
보여주기(S)	내 장점을 보여줌	장단점 분석, 메시지 개발, 매체 리스트업
설득(P)	상대를 설득함	설득 논리 개발. 혜택 부각
통제(C)	상대를 통제함	신뢰구축, 주저 없는 선택
일체화(I)	상대와 일체화	부단한 스킨십, 주인의식 부여, 피아동일체, 명예 부여

III. 미디어 다양성 획득

미디어를 적재적소에 쓸 줄 알아야 한다

① 업무의 종합

'시장님 연탄 배달 보도'에 실패한 김 팀장 얘기로 다시 돌아가보자.

연탄 배달 사건으로 또 한 번 곤경을 치른 김 팀장은 주말 내내 집에 들어앉아 자신을 돌아봤다.

"도저히 이렇게는 안 된다. 언제까지 기사 써 달라고 기자들 쫓아다니기만 할 건가? 과연 방대한 우리 시청 업무 중에 홍보가 될 만한 것이 그리도 없던가? 난 그간 과연 무엇을 했나?"

그리곤 월요일 출근을 했다.

"올해 실국별 연간업무계획 좀 가져와!"

"예?"

직원이 이상한 듯 물었다. 연초도 아닌 연말에 실국별 업무계획은 왜 찾으시느냐는 표정이었다.

자신의 업무와 관련 없는 서류들은 쳐다보시지도 않던 팀장님이셨다.

한 보따리가 넘는 실국별 업무계획을 책상 앞에 쌓아 둔 김 팀장은 비장하게 되뇌었다.

"어디 진짜 기사 거리가 없는 건지, 있는데도 넘어간 건지, 내 눈으로 확인을 해 봐야겠다."

그리곤 그 두꺼운 책자들을 한 줄 한 줄 눈을 부릅뜨고 읽기 시작했다.

SSPCI 단계로 치자면 김 팀장의 이런 행동은 침묵을 깨기 위한 단계이다.

그간 뭐를 보여줘야 할지, 언론에 무슨 자료를 돌려야 할지 모른 채 침묵만 하다가 비로소 보여줄 거리를 찾기 시작하는 것이다.

즉, 침묵(Silence)-보여주기(Showing)-설득(Persuasion)-통제(Control)-일체화(Integration) 등 5가지 단계에서 '침묵' 단계에 있던 김 팀장이 '보여주기' 단계로 접어들기 위한 준비를 하고 있는 것이다.

연애할 때 침묵을 깨고 상대방에게 뭔가를 보여주려는 시도를 하는 것과 같다.

뭔가를 보여주기 위해서는 나 자신이 가진 장점을 철저하게 분석해야 하는데 김 팀장이 시정 전반에 대한 업무보고를 열어 본다는 것은 바로 조직의 장점을 찾기 위한 시도이다.

사실 홍보팀장이 조직의 연간업무계획을 처음으로 정독한다는 것은 문제다.

연간업무계획뿐만 아니라 매월 생성되는 월간업무보고, 매주 생성되는 확대간부회의 자료도 홍보팀장이 탐독해야 할 자료이다.

그걸 안 해 왔으니 김 팀장의 수준은 그저 '침묵'에만 머물러 온 것이다.

그렇게 실국별 연간업무계획을 이틀 내내 탐독한 김 팀장의 눈빛이 달라졌다.

책상 앞에는 뭔가가 빼곡히 적힌 메모지가 놓여 있었다.

김 팀장은 어디론가 전화를 걸기 시작했다.

"야! 너희 팀에서 수해 때 떠내려온 나무들을 목재하고 연료로 재활용했냐?"

통화 상대는 타 부서의 후배 팀장이었다.

김 팀장의 자신감 있는 목소리는 계속됐다.

"야! 그걸 홍보를 했어야지. 너희끼리 열심히 일만 하면 뭐해? 그런 건 엄청나게 잘한 일인데, 빨리 자료 보내!"

수해 때 하천으로 떠내려오는 나무들은 매년 골칫거리였다.

처리하는 데 돈도 많이 들고 쌓아 놓을 공간도 모자랐다.

그런데 이걸 톱밥처럼 잘게 분쇄해 목재와 연료로 재활용했다니 너무나 기발한 아이디어였다.

해당 부서는 이를 홍보할 생각을 못 한 것이고, 홍보부서는 이런 사업이 있다는 것 자체를 모른 것이다.

김 팀장의 전화 통화는 각 부서로 계속됐다.

그의 손에는 이틀 내내 탐독한 연간업무계획에서 발췌한 아이템 메모가 들려 있었다.

"과장님! 그거 진작 홍보를 하셨어야 하는 건데요."

"팀장님! 그런 걸 왜 홍보를 안 하셨어요?"

"내가 너 무슨 업무 하는 줄 다 알아. 빨리 그 자료 보내!"

그리곤 아주 놀랍게도 김 팀장이 발췌한 아이템들이 속속 신문과 방송에 등장하기 시작했다.

수해 때 떠내려온 나무들의 재활용은 각 방송에서 경쟁적으로 보

공공기관 홍보실무론

도를 했다.

사무실에서 김 팀장의 목소리도 커졌다.

"아니 자식들, 그걸 고생해서 일해 놓고 홍보할 생각은 왜 안 하는 거야?"

김 팀장의 사례에서 볼 수 있듯 공공기관에서는 무수한 자료들이 생성되고 보고된다.

그 자료들을 홍보의 관점에서 분석해서 홍보요소를 도출해 내는 것이 홍보 실무진의 가장 중요한 업무이다.

사업부서의 실무자들은 일은 열심히 하지만 무엇이 홍보요소가 되는가에 대해서는 감각이 떨어진다.

이걸 홍보 실무진이 대신해서 분석해 주고 뉴스로 만들어 주고 온라인 콘텐츠로 만들어 줘야 하는 것이다.

다음 표는 공공기관에서 홍보요소를 도출해 낼 수 있는 자료들을 열거한 것이다.

공공기관 홍보요소 도출 활용 자료 예시

자료	내용
실국별 새해 업무계획/ 새해 예산안	통산 연말 즈음 의회(국회)에 예산과 함께 보고되는 자료. 예산안 심의 결과에 따라 변경될 수 있는 자료. 주요 사업의 경우 미리 대외적으로 홍보를 해 명분을 확보할 수 있음.
실국별 연간 업무계획	예산안이 통과되고 확정되는 실제 실국별 연간 업무계획. 이 자료를 토대로 연간 업무가 이뤄짐. 홍보부서에서는 이 자료를 토대로 사업별 시기와 경중을 감안해 연간 홍보계획을 수립해야 함.

월간(주간) 확대간부회의 자료	기관별로 월간 자료를 취합하기도 하고 주간 지료를 취합하기도 함. 이 자료로 연간 업무계획의 개별사업들에 대한 진척 상황을 파악할 수 있음. 당초 계획에는 없었지만 새로 추진되는 사업들이 간혹 있음.
월간(주간) 행사계획	홍보실무자 책상에 놓고 항상 체크해야 함.
각 부서에서 발행하는 간행물	사업 개요와 특이 사항 체크
의회(국회)보고 자료	의회에 수시로 보고되는 자료들. 새로운 아이템이 도출될 수도 있고. 당초 사업계획의 변경과 진척 상황을 알 수 있음.
관보(도보, 시보, 군보)	기관에서 수시로 발행하는 관보

홍보실무자들은 이 자료들을 반드시 정독해서 홍보요소를 도출하고 연간/월간 단위 홍보계획을 수립하는 데 활용을 해야 한다.

그런데 경험이 적은 실무자들은 또 하나의 난관에 직면하게 된다.

"자료들을 보고 무엇이 홍보요소가 되는지 어떻게 찾아낼 수 있나?"

이에 대한 답은 어떤 교과에서도 없다.

실무자들이 이런 자료들을 통해 홍보요소를 도출하려면 '뉴스 가치 판단 능력'을 갖춰야 하는데 필자는 가장 좋은 방법으로 '종이신문 읽기'를 추천한다.

흔히 공공기관 홍보부서에서는 '알리고 싶은 것'만 알리려 하는데 이건 큰 오산이다.

'알리고 싶은 것'만 알리게 되면 홍수를 이루고 있는 뉴스 콘텐츠 시장에서 귀퉁이로 밀려나거나 사장되기 마련이다.

그러기 위해서는 '일리고 싶은 것'도 알려야겠지만 대중이 '알고 싶은 것'도 함께 알려야 하는 것이다.

'알리고 싶은 것'과 '알고 싶은 것'을 가려내는 기술이 뉴스 가치 판단 능력인데, 종이신문은 이런 요소들을 매일매일 일목요연하게 지면에 담아낸다.

인터넷 뉴스는 실시간으로 가장 '핫한' 소재들만 전면 배치되기 때문에 뉴스 가치 판단 능력을 키우는 데 도움이 안된다.

종이신문 1개 이상을 매일매일 정독하다 보면 어떤 것이 주요 뉴스이고, 공공기관의 보도자료는 어떤 것들이 주요하게 다뤄지며, 요즘 뉴스 트렌드는 무엇인지를 알 수 있다.

또 어떤 뉴스는 작게 다뤄지고, 어떤 보도자료는 아예 버려진다는 사실도 체득하게 된다.

이런 사실들은 인터넷이 아닌, 오직 종이신문만을 통해서만 알 수 있는 것들이다.

이런 종이신문의 흐름을 체득하게 되면 자신이 하는 일 중에 어떤 것들이 뉴스가 되고, 요즘 트렌드에 부합하려면 어떤 정책을 홍보해야 하는지를 알 수 있다.

이런 능력은 종이신문을 부단히 읽고 자신이 속한 기관의 업무들을 그 종이신문 뉴스 편집에 대입해 보면 '무엇이 뉴스가 된다'는 것을 정확히 간파할 수 있다.

2

미디어 믹스 시대

김 팀장은 이제 시정 언론 홍보에서 독보적인 존재가 됐다.

홍보 관점에서 시정 업무를 분석해 뉴스 아이템을 발굴하고 이를 언론에 론칭시키는 방법이 주효한 것이다.

평소 시어머니처럼 눈치를 주던 직속상관 공보담당관도 그의 능력을 인정했고 시장과 부시장 등 최고 관리자들도 그를 칭찬했다.

언론사 기자들도 김 팀장이 발굴, 배포하는 보도자료는 꼭 열어볼 정도로 깊게 신뢰를 했다.

그런데 어느 날 김 팀장은 문득 의문이 들었다.

"언론 홍보만 잘되면 홍보는 끝나는 것일까? 언론에 기사가 잘 나갔다고 정말 홍보가 잘된 것일까?"

이런 의문을 가지고 검색에 검색을 거듭한 결과, 김 팀장은 한국언론진흥재단이 해마다 실시하는 '언론수용자 조사'라는 자료를 접하게 됐다.

해마다 19세 이상 국민 5,000여 명을 대상으로 하는 언론 및 미디어매체 수용자 조사였다.

다음의 자료는 '2020년 언론수용자 조사' 주요 결과들이다(출처: 한국

언론진홍재단 홈페이지).

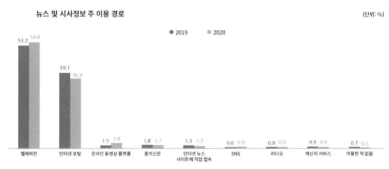

뉴스 및 시사정보 주 이용 경로 (단위: %)

● 2019   ● 2020

53.2 54.8 텔레비전
39.1 36.4 인터넷 포털
1.5 2.8 온라인 동영상 플랫폼
1.8 1.7 종이신문
1.5 1.3 인터넷 뉴스 사이트에 직접 접속
0.6 0.9 SNS
0.8 0.8 라디오
0.9 0.8 메신저 서비스
0.7 0.5 이용한 적 없음

문1 귀하께서는 지난 1주일 동안 뉴스나 시사정보를 주로 어디에서 보거나 들으셨습니까? 가장 많이 이용한 경로를 하나만 선택해 주십시오.
(2019: n=5,040, 2020: n=5,010)

"시사정보를 주로 어디에서 보거나 들으셨습니까?"라는 질문에 텔레비전이라는 답이 2년 연속 53~54%대였고 인터넷 포털이라는 답이 36~39%대였다.

텔레비전은 아직도 건재한 미디어 채널이었고 인터넷 포털은 견고하게 자리를 잡은 신흥 뉴스 본거지로 나타났다.

포털에는 기존의 신문과 통신뉴스들이 흡수돼 있다.

또 블로그와 카페, 웹페이지 등의 정보들도 유통되며 포털은 거대한 미디어 믹스(Media Mix)의 중심이 됐다.

인터넷 기반 매체 이용률 추이(2016~2020년) (단위: %)

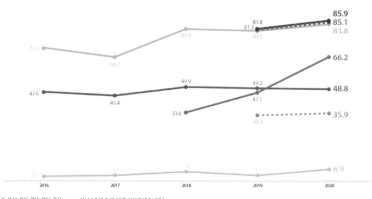

문26, 문32, 문47, 문55, 문63, 문71   지난 1주일 동안 00를 이용하셨습니까?
(2016: n=5,128, 2017: n=5,010, 2018~2019: n=5,040, 2020: n=5,010)

인터넷 기반 매체 이용률 추이를 보면 역시 모바일과 PC 기반의 포털 사이트가 대세를 이루고 있음을 알 수 있다.

SNS도 주요한 매체로 자리를 잡았으며 괄목할만한 점은 유튜브 같은 온라인 동영상 플랫폼이 최근 2년간 급성장을 했다는 것이다.

특히 동영상 플랫폼은 포털을 추격할 정도로 성장했으며 최근 추세를 감안하면 성장세는 지속될 것으로 보인다.

김 팀장은 이 같은 자료를 보며 비로소 느낄 수 있었다.

"내가 기존 미디어에 매달리고 있는 동안 새로운 매체들이 대세를 이루고 있었구나. 그래도 윗분들은 아직도 방송뉴스와 종이신문에 기사가 나야 만족하시는데. 이걸 모른 척해야 하나? 아니면…"

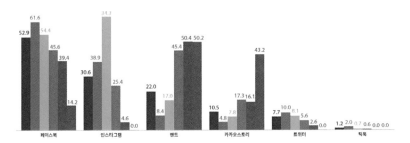

SNS 뉴스 이용자의 SNS별 뉴스 이용률 (단위: %)

● 전체(n=584)　● 20대(n=260)　● 30대(n=157)　● 40대(n=87)　● 50대(n=49)　● 60대 이상(n=31)

문60　지난 1주일 동안 뉴스를 보셨던 SNS는 무엇입니까? 뉴스를 보셨던 SNS의 이름을 모두 말씀해 주십시오. (복수응답)

　　페이스북은 현재 모든 연령층에서 가장 빈도 높게 사용되는 SNS매체로 확인됐다.

　　이밖에 인스타그램은 젊은 층을 중심으로 성장하고 있고 밴드와 카카오스토리는 40대 이상을 주축으로 사용군을 이루고 있다.

　　보도 아이템 발굴→보도자료 작성→보도 성사 등의 판에 박힌 절차만으로도 벅차온 김 팀장에겐 끝없는 추가 과업이 필요한 셈이다.

　　물론 공보담당관실에 SNS를 담당하는 팀이 별도로 있기는 하지만 최고 관리자들과 중간 관리자들은 아직도 기존의 방송과 종이신문을 중시한다.

　　그럼 언론 홍보를 맡고 있는 김 팀장과 SNS팀 간 업무 분장도 고민이 될 수밖에 없다.

　　결국 두 팀은 하나가 되어 움직여야 하는 것이다.

　　최근 공공기관들의 홍보부서 직제를 보면 공보, 홍보, 뉴미디어, 방송 등의 용어가 혼재돼 있다.

이를테면 홍보부서의 명칭은 대변인실, 홍보담당관실, 공보담당관실 등으로 쓰고 그 밑에 공보팀, 홍보팀, 뉴미디어, 방송팀 등을 두고 있다.

공보와 홍보를 통합 운영하거나 뉴미디어와 방송을 통합 운영하는 곳도 있고, 공보와 방송을 통합하거나 홍보와 뉴미디어를 통합 운영하는 곳도 있다.

예전에 신문과 방송에만 잘 나오면 되던 시절의 조직과 비교하면 업무량도, 인원도, 부서도 늘었다.

어떤 식으로든 다양한 미디어 채널들에 효과적으로 대응하기 위한 조직 운영인데, 대부분이 칸막이가 있다는 것이 문제다.

공보는 신문만 담당하고, 방송은 방송만 담당하고, 뉴미디어는 SNS만 담당한다는 생각으로 제각각 일을 하는 것이다.

특정 아이템을 홍보하려면 신문에도 나가고, 방송에도 나가고, 인터넷에서도 확산돼야 한다.

그걸 '미디어 믹스(Media mix)'라고 하는데 칸막이가 있는 홍보는 미디어 믹스에 실패하기 마련이다.

우리 홍보부서에는 칸막이가 없는지 책임자가 항상 살펴봐야 할 이유다.

인터넷 포털, 메신저 서비스, SNS, 온라인 동영상 플랫폼 뉴스 참여 행태

(단위: %)

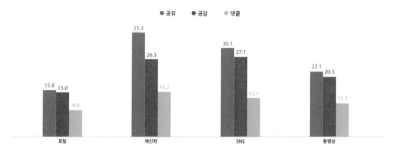

● 공유　● 공감　● 댓글

문44, 문54, 문62, 문70　　지난 1주일 동안 OO 상에서 뉴스와 관련된 다음과 같은 활동을 한 적이 있습니까? (n=5,010)

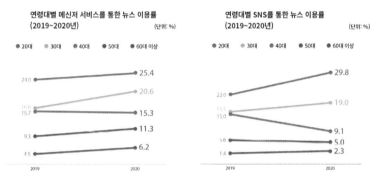

연령대별 메신저 서비스를 통한 뉴스 이용률 (2019~2020년)
(단위: %)

연령대별 SNS를 통한 뉴스 이용률 (2019~2020년)
(단위: %)

문50　지난 1주일 동안 메신저 서비스를 통해 뉴스를 본 적이 있습니까? 여기서 뉴스란 메신저 서비스(카카오톡 채널 등)에서 자체 제공하는 뉴스, 친구나 지인 등이 보내준 링크를 통해 공유한 뉴스 등을 말합니다. (2019: n=5,040, 2020: n=5,010)

문58　지난 1주일 동안 SNS를 통해 뉴스를 본 적이 있습니까? 여기서 뉴스란 SNS에서 자체 제공하는 뉴스, SNS 친구가 공유한 뉴스, 언론사를 친구로 해서 제공되는 뉴스 등을 말합니다. (2019: n=5,040, 2020: n=5,010)

　　포털과 SNS, 메신저 등 새로운 미디어들을 통해 유통되는 뉴스들은 읽는 사람들의 참여도도 높았다.

　　특히 유튜브 등 동영상 플랫폼을 통해 뉴스를 접하는 이들도 거의 모든 연령대에서 늘어나고 있었다.

　　"신문이나 방송에 기사가 나가면 이게 포털에 게재되고 SNS를 타고 유통되며 온라인 동영상 플랫폼으로도 만들어지는구나."

김 팀장이 비로소 실감한 이 같은 미디어 정보 유통 형태가 '미디어 믹스(Media Mix)'인 것이다.

신문과 방송, 또는 개인과 집단이 만들어 낸 뉴스와 정보가 포털과 SNS채널에서 섞여 버리는 것이다.

○○일보, ××통신, □□방송 등 기존 미디어 매체들이 생성한 뉴스 정보들이 다양한 채널로 유통되면서 믹스가 되는 형태이다.

오늘 아침에 포털이나 SNS를 통해 뉴스를 봤는데 정작 어느 매체에서 생성한 것인가를 기억할 수는 없는 현상이 나타난다.

예전 같으면 종이신문을 보고 "00일보에서 봤다"라고 정확히 기억했지만 이제는 그렇지 않은 것이다.

미디어 믹스 상황에서는 특별한 경우가 아니고는 애초에 뉴스를 생성한 매체를 기억하기 힘들다.

뉴스가 홍수를 이룰 정도로 많을뿐더러 포털과 SNS에 섞여 버리면 자신의 매체 브랜드를 유지하기 어렵기 때문이다.

지인에게 "그 뉴스 어디서 봤어?"라고 물었을 때 어떤 답변이 나오는지를 보면 알 수 있다.

"네이버에서 봤어.", "페이스북에서 봤어."

우리는 커뮤니케이션 시스템이 급속히 진화하는 시대에 살고 있다. 인터넷은 경이적인 속도로 성장하고 있으며, 경제에서 중요한 역할을 차지하게 되었다. 디지털 텔레비전을 비롯한 새로운 기술의 발전은 인터넷 이외의 다른 분야에서도 극적 변화를 예고하고 있다. 매체융합(media convergence)이라는 문구가 인터넷, 텔레비전, 케이블, 전화 등 과거에 분리되어 있던 매체가 하나의 서비스로 제공되는 것을 지칭하는 데 사용되고 있다.

세버린·탠카드 공저, 박천일·강형철·안민호 공역,

『커뮤니케이션 이론』, p.19, 나남출판, 2005

③

미디어의 정리: 트리플 미디어

김 팀장의 혼돈을 어떻게 해결할 것인가?

관리매체가 너무 많아진 요즘 어떻게 가닥을 잡고 업무에 임해야 할 것인가는 모든 홍보맨들의 고민이다.

이에 대한 해법은 미디어를 정확히 분류하는 것으로 시작된다.

우리기관을 홍보하는 데 어떤 매체를 사용할 수 있고 어떤 방식으로 활용을 해야 하는가에 대한 문제이다.

필자는 그 매체 분류 및 활용의 방편으로 트리플 미디어를 추천한다.

(1) 트리플 미디어의 정리

Paid Media(페이드 미디어), Owned Media(온드 미디어), Earned Media(언드 미디어)

공공기관 홍보실무론

형식	수단
페이드 미디어	TV, 라디오, 신문, 잡지, 인터넷, 엘리베이터, 아파트 벽보, 스폰서샵, 게시내 등 남에게 돈을 내고 하는 수단
온드 미디어	전단지, 브로셔, SNS, 홈페이지, 경품, 기념품, 간판, 안내문구, 메뉴판, 스티커, 내 매장 현수막, 포스터, 진열장, 쇼윈도우 등 내 소유의 수단
언드 미디어	지인, 팔로어, 소문, 언론뉴스, 잠재적구매자접촉, 고객관리, 지역 커뮤니티 인사, 친목 모임 나가기, 봉사, 마케팅 이벤트 등 내가 노력으로 얻는 수단

■ Paid Media: 트래픽을 위해 유료로 집행하는 채널

기업이 매체비를 지불하고 사용하는, 구매 가능한 미디어를 말한다.
ex) 신문광고, TV 광고, 페이스북의 스폰서드 광고, 구글 디스플레이광고, 유튜브 동영상광고, 웹사이트 배너광고, 옥외 광고 등

장점	단점
100% 컨트롤 가능 즉각적인 반응 확인	낮은 신뢰도
금액에 따라 규모 성장 가능 측정 가능	콘텐츠에 대한 거부감 고객들의 낮은 반응

■ Owned Media: 자사가 보유한 마케팅 채널

채널이 많을수록 온라인에서 영향력을 확장해 나갈 기회가 커지는 미디어이다.

ex) 홈페이지, 블로그, 페이스북, 유튜브, 소식지 등

장점	단점
100% 컨트롤 가능	트래픽, 신규 방문자 규모 형성 어려움
장기적으로 사용 가능	콘텐츠에 대한 낮은 신뢰도
비용 효율적인 마케팅	-

■ Earned Media: 노력을 해서 얻는 채널

비용을 특별히 지불하지 않아도 평판이 번져 나가거나 소셜미디어로 화제를 일으킬 수 있다.

ex) 언론뉴스, 포털 리뷰, SNS 댓글, 친구 추천, 게시판 후기, 입소문 등

장점	단점
가장 높은 투명성과 신뢰도	통제 불가
소비자 주도로 성장 가능	콘텐츠 효과 측정 불가
살아있는 정보	부정적 여론의 확장 가능성

(2) 페이드 미디어 전략

대가(代價)를 내고 사용하는 홍보매체를 말한다.

기관의 경우 돈을 내고 사용하는 TV 및 신문, 잡지 광고와 인터넷 광고, 엘리베이터 광고, 스폰서십, 유료게시대, 전광판 등을 페이드 미디어로 사용하고 있다.

페이드 미디어는 한 번 계약을 해서 제작, 송출(게재 및 게시)할 경우 변동이 어렵다는 약점이 있다.

또 특정 고객을 타깃팅하기 위한 다양한 변화도 사용하기가 어렵다.

하지만 대형 사업이나 기관 이미지 제고를 위해서는 반드시 필요한 수단이기도 하다.

대부분의 기관에서는 연간 일정 규모의 광고를 집행하고 있는데 기관에서는 이를 일상적인 행정행위로 보는 경향이 많다.

이런 탓에 기관의 홍보실무자들에게 "페이드 미디어가 어떤 것이 있나요?"라고 물어보면 대다수는 "아, 광고요!"라고 대답할 것이다.

그런데 기업에서는 페이드 미디어를 광고에만 국한하지 않고 있다.

고객 초청 신제품 설명회와 고객 초청 무료숙박 이벤트, 교실에 신제품 공기청정기 설치 제공, 단체 급식시설에 신제품 요리 제공, 제품 무료체험 이벤트 등등 기업들의 스폰서십을 보면 페이드 미디어의 확장성을 볼 수 있다.

일정한 대가를 치르고 홍보효과를 얻는 것이 페이드 미디어라면 이 같은 스폰서십도 그 범주에 속한다.

이럴 경우에는 스폰서십 이벤트 자체 혹은 스폰서십을 받는 고객들 자체가 '미디어'가 된다.

그 이벤트가 혹은 참여 고객들이 우리 회사를 알리는 미디어라는 것이다.

공공기관들도 페이드 미디어 범주에 속한 '스폰서십' 부분에 대해 보다 새롭게 접근할 필요가 있다.

스폰서십은 일정 금액이나 현물을 협찬 지원하고 스폰서의 명칭과 사업, 브랜드를 대중에게 알리는 수단으로 페이드 미디어 범주로 분류된다.

스폰서십은 계약이나 협약 유형에 따라 스폰서의 브랜드가 단순노출되는 경우부터 스폰서의 브랜드가 전반에 노출되는 경우까지 매우 다양하다.

그럼 공공기관은 어떤 행사 및 단체, 프로젝트 등에 스폰서십을 사용할 수 있을까?

이는 고객과 잠재 고객 분석을 통해 도출이 가능하다.

공공기관이 스폰서십을 발휘 할 수 있는 행사와 대상은 '해당 기관의 정책 고객', '해당 기관의 정책 수혜를 받을 수 있는 잠재 고객' 등으로 나눌 수 있다.

지방자치단체의 경우 지역별, 직능별, 연령별, 직업별로 그 대상이 더욱 세분화될 수 있다.

일부 지자체에서 실시하고 있는 무료 결혼식장을 스폰서십의 예로 들어 보자.

지자체 청사의 일정 공간을 무료 결혼식장으로 개방함으로 지자체의 브랜드를 알리는 정책은 분명한 페이드 미디어이다.

공간이라는 대가를 제공하고 지자체의 브랜드를 알리는 것이기 때문이다.

따라서 무료 결혼식장에는 해당 자치단체의 대표 정책이나 각종 행사 등을 홍보하는 자료가 비치되는 것이 맞다.

그냥 장소만 개방하는 것은 대가를 제공한 페이드 미디어를 방치하는 것이다.

특정 단체와 기업에 운동장을 무료 개방하는 것과 자매 결연도시에 우리 지역 특산품을 전달하는 것 등도 페이드 미디어이다.

주민들을 위한 무료 강좌와 어르신 쉼터 운영, 어린이 놀이 공간 운영 등도 홍보의 영역에서는 페이드 미디어에 들어간다.

각종 스포츠 종목의 시장·군수배 대회도 스폰서십, 즉 페이드 미디어이다.

스폰서십을 통한 페이드 미디어 활용은 앞 장에서 설명한 네슬레와 BMW의 사례를 다시 한번 상기하면 된다.

국내 기업의 경우 최근 신세계그룹이 야구 산업 저변 확대를 위해 아마추어야구 지원에 나서겠다고 밝힌 것이 눈에 띄는 스폰서십이라고 할 수 있다.

신세계그룹은 인천을 연고로 하는 SK 야구단을 인수해 SSG로 이름을 바꾼 바 있다.

이후 계열사인 이마트는 2021년 6월 대한야구소프트볼협회(KBSA)와 '전국야구대회 개최 제휴 협약'을 체결했다.

이에 따라 'SSG배 전국고교야구선수권대회(가칭)'와 '노브랜드배 고교동창 야구대회(가칭)'가 개최된다.

특히 기존 고교야구대회에는 상금이 없으나, 고교야구 발전을 위해 우승팀에게 별도의 장학금을 전달할 계획이다.

또한 학생들이 오로지 경기에만 집중할 수 있도록 생수, 음료수 등 경기 진행에 필요한 다양한 비품들을 지원할 계획이다.

고교동창 야구대회도 입상팀 상금은 고교야구 발전을 위해 모교 야구부에 기부된다.

물론 이들 스폰서십 행사는 신세계-이마트의 대대적인 마케팅장(場)으로 활용될 것이 분명하다.

공공기관들은 이런 기업들의 스폰서십을 눈여겨 살펴볼 필요가 있다.

지자체들의 이름을 걸고 치러지는 각종 스포츠 대회에 공공기관이 어떤 스폰서십을 열어 어떤 효과를 도모해야 하는지도 고민해야 한다.

'그냥 매년 열리는 대회이니 치른다'는 생각은 중요한 홍보 이벤트를 날려버리는 것이다.

스폰서십은 금액과 지원 정도에 따라 노출 빈도 및 강도가 달라질 것이지만 공공기관이 이 같은 스폰서십을 펼칠 경우 브랜드 각인은 물론 정책 지지율을 올릴 수 있는 계기를 만들게 된다.

스폰서십은 일회성이 아니라 오래도록 브랜드가 확산되고 각인될 수 있도록 지속성을 가져야 한다는 전제로 이뤄져야 한다.

(3) 온드 미디어 전략

내가 소유하고 있는 홍보수단을 말한다.

기관이 홍보를 위해 제작 혹은 운용하는 전단지와 브로슈어, SNS, 홈페이지, 경품, 기념품, 간판, 안내문구, 스티커, 현수막, 포스터 등이 이에 해당된다.

온드 미디어는 특정 사업의 홍보를 위해 가장 먼저 고려할 매체이다.

우선 홈페이지와 SNS, 공공청사 외벽 간판·현수막 등은 비용 지불 없이 혹은 약간의 제작료만 들여 즉시 사용이 가능한 매체이기 때문이다.

홍보의 시작은 자신이 가지고 있는 매체들을 먼저 활용하는 것이다.

여기에 예산을 들여 제작할 수 있는 전단지와 브로슈어, 경품, 기념품, 스티커 등도 자체 보유하고 있는 온드 미디어라고 할 수 있다.

특정 사업을 홍보하려면 이처럼 내가 가지고 있는 온드 미디어를 어떻게 활용할 것인가부터 결정해야 한다.

따라서 사업담당자들은 평소 내가 맘대로 활용할 수 있는 온드 미디어들의 리스트를 작성해 두었다가 사업 착수 전 활용계획을 수립하는 것이 좋다.

특히 온드 미디어의 경우 기관의 의도를 비교적 자유롭게 담을 수 있기 때문에 앞장에서 설명한 SSPCI 단계에 따라 탄력적으로 운영을 할 수 있다.

이를테면 기념품이나 전단지를 제작할 때 목표가 단순 '보여주기'냐 '설득'이냐, 충성도 높은 고객에 대한 '통제'냐 '일체화'냐에 따라 방향을 달리할 수 있다는 것이다.

이를테면 단순 보여주기식이나 설득으로 '기업 해외진출 설명회'를 홍보한다면 "○○○ 설명회에 참가하세요! 귀하의 해외진출을 돕겠습니다"라는 메시지를 사용할 수 있다.

그러나 기관의 도움으로 이미 해외진출을 시작했거나 성공한 기존 충성도 높은 고객이 대상이라면 "또 도전하세요. 당신은 ○○기관이 키우는 수출 애국자입니다!"라고 명예와 긍지를 부여해 통제 혹은 일체화의 성과를 도모할 수 있다.

○○○사업의 온드 미디어 활용방안

구분	고객유형	
	단순고객	기존 충성 고객
침묵(S)	아무것도 안 함	아무것도 안 함
보여주기(S)	"○○○사업을 소개합니다." "○○○사업에 참여하세요."	
설득(P)	"○○○사업이 여러분을 변화시킵니다." "○○○사업을 하면 ×××혜택을 보실 수 있습니다."	
통제(C)		"놓치면 안 되는 기회. 지금 당신은 ○○○사업이 필요합니다."
일체화(I)		"당신은 ○○○사업으로 대한민국 대표가 될 수 있습니다."

(4) 언드 미디어 전략

언드 미디어는 내가 노력으로 얻는 미디어 수단이다.

내가 노력해서 얻는 언론뉴스가 대표적인 예다.

이와 함께 고객을 만나는 노력과 마케팅 이벤트, 우호적인 댓글과 후기, 타인들의 SNS로 내 콘텐츠를 확산시키는 노력 등이 언드 미디어에 포함된다.

공공기관의 경우 자신들의 SNS채널 콘텐츠를 공유하도록 유도하는 것 언드 미디어이고, 각종 단체나 행사를 찾아 정책을 홍보하는 것도 언드 미디에 들어간다.

언드 미디어의 경우, 언론보도에 충실하고 SNS 지인과 팔로워를 늘려 나가는 전략을 구사해야 한다.

해당 기관 정책과 관련 있는 커뮤니티도 관리해야 한다.

지역별, 연령별, 취향별 커뮤니티 공략을 통한 언드 미디어 활용 계획 수립도 공공기관이 수행해야 할 홍보전략이다.

이 경우에도 해당 커뮤니티에 공공기관의 정책과 활동 사항을 지속적이고 충실하게 전달해야 한다는 전제가 따른다.

지금까지 트리플 미디어 전략을 알아봤다.

공직자들에게 이 같은 트리플 미디어를 설명하다 보면 "이런 건 무슨 미디어인가요?"라고 묻는 경우가 많다.

페이드 미디어인지, 온드 미디언지, 언드 미디어인지 헷갈린다는 얘기다.

바닷가 민박집 사장이 하얀 개 한 마리를 키우고 있다고 치자.

이 사장이 손님을 끌기 위해 개 몸에다 매직으로 큼직하게 '민박! 010-0000-0000'이라고 써서 온 동네를 돌아다니게 했다면 이건 무슨 미디어일까?

사장이 개에게 밥도 주고 물도 줬다는 페이드 미디어라고 할 수 있다.

또 개의 주인이 사장이니 온드 미디어라고 할 수도 있다.

개 몸에 글씨를 쓰고 동네를 돌아다니도록 공을 들였으니 언드 미디어라고 할 수도 있다.

실무를 하면서 이게 무슨 미디어인가를 고민하는 상황에 부딪히면 그런 고민은 빨리 그만둬야 한다.

미디어의 분류를 알고 그것을 어떻게 활용하겠다는 계획을 수립하고 실행하는 것이 중요하지, 애매한 상황까지 정확하게 규정지을 필요는 없는 것이다.

어떤 범주에 포함되든지 실무자는 이를 잘 활용하면 된다.

민박집 사장에겐 개가 어떤 미디어인가를 규정짓는 것보다 '손님 유치'가 최종 목표인 것처럼 말이다.

Ⅳ. IMC 전략

홍보는 홍보팀만 하는 게 아니었다

① IMC 전략의 정의

지금까지 홍보팀 김 팀장의 애환과 고난을 통해 홍보단계론 'SSPCI 이론'과 홍보수단 분류 이론 '트리플 미디어'를 살펴봤다.

SSPCI 이론은 우리의 홍보 목표는 무엇이고 지금은 어디까지 와 있는가를 점검할 수 있는 모델이다.

트리플 미디어는 우리가 사용할 수 있는 홍보수단은 무엇이고 어느 정도까지 확산시킬 수 있는가를 상정할 수 있는 이론이다.

따라서 위 두 가지 이론과 모델을 통해 홍보의 현 단계를 확인하고, 홍보 목표를 설정하고, 그 목표를 달성할 수 있는 홍보수단을 결정하는 것까지 알아본 것이다.

그럼 이제 홍보 목표와 그 목표에 도달할 수 있는 수단을 가지고 어떻게 전략을 수립하고 실행에 옮기고 결과를 평가할 있는가를 알아보기로 하겠다.

IMC(Integrated Marketing Communication, 통합 마케팅 커뮤니케이션)는 1989년 미국 광고대행사협회가 내놓은 전략 개념으로 지금도 많은 기업들의 홍보 업무에 근간이 되고 있다.

미국광고업협회에서는 IMC를 광고, DM, SP, PR 등 다양한 커뮤니케이션 수단들의 전략적 역할을 비교, 평가, 활용함으로써 총괄적 마케팅 커뮤니케이션 계획의 부가적 가치를 제고시키는 것으로 정의하고 있다.

Belch & Belch(1995)는 논문에서 IMC 전략을 단순히 프로모션에 국한시키는 것이 아니라 기업의 모든 마케팅 활동이 그 기업의 고객들과 어떻게 커뮤니케이션 하는지를 인식하고, 아울러 기업의 이념, 역사, 조직문화, 기업가 정신 등이 고객들에게 일관된 이미지를 전달하기 위해 포괄적으로 통합되는 것이라고 말하고 있다.

John F. Yarbrough의 정의 내용은 IMC는 단순한 메시지나 이미지의 통합이 아니라 데이터베이스를 통해 구매자에 대한 포괄적인 정보를 수집하고, 수집된 데이터를 이용하여 광고, 프로모션, 직접우편 등과 같은 마케팅 전략을 통해 세분화된 특정 구매자를 타깃으로 그들의 욕구를 충족시키는 전략의 실행방안이라는 것이다.

미국 마케팅 학회에서는 IMC란 다양한 커뮤니케이션 기능의 전략적 역할을 평가하는 포괄적인 계획의 부가적 가치를 중요시하고 그 기능들을 결합함으로써 명확하고, 일관성이 있으며 극대화된 커뮤니케이션 효과를 제공하는 마케팅 커뮤니케이션 기획의 개념이라고 말하고 있다.

마지막으로 콜로라도 대학에서 내린 정의는 IMC란 한 조직의 자신의 상표가치를 증신시키기 위해서 사용하는 모든 메시지와 매체에 대한 조화전략이라고 하였다.

사건의 '희소성'은 '의미성'과 '동조성'을 보완하는 뉴스가치성이다. 다시 말해 '흔한 것'으로 정의하는 것에 맞지 않는 '흔하지 않은 것', '신기한 것', '비정상적인 것'이 뉴스가 될 가능성이 높다. 따라서 뉴스 미디어의 발행주기 안에 발생하는 사건일지라도 규칙적으로 반복되는 사건은 우리가 쉽게 예측할 수 있을 뿐만 아니라 희소성이 없기 때문에 뉴스가치를 갖기 어렵다.

-나운봉 외, 『BRAND COMMUNICATION』, p.4~5, 산업정책연구원, 2005

결론부터 말하면 IMC 전략은 홍보팀만 홍보를 해서는 안 된다는 개념이다.

공공기관에서 홍보라고 하면 으레 보도자료를 돌리거나 광고를 집행하고, SNS채널을 운영하는 정도라고 생각한다.

기업의 경우 홍보활동의 영역을 이보다 더 넓게 확대하기도 하지만 공공기관의 경우에는 그 범위가 협소하다.

사업부서는 사업을 하고 홍보팀은 홍보를 한다.

사업부서가 홍보팀에 의견을 내거나 특정 고객집단에 대한 정보를 홍보팀에 제공하며 "이들에게 타깃 홍보를 해 달라"고 부탁을 하지도 않는다.

홍보팀도 "사업내용을 이렇게 조금만 조정하면 홍보가 더 잘 될 수 있을 것"이라고 사업부서에 제시하지 않는다.

앞서 김 팀장의 사례에서 본 것처럼 홍보팀과 사업부서 사이에는 칸막이가 있다.

이 칸막이를 없애야 한다는 것이 IMC 전략 이론이다.

IMC 전략은 광고, DM, 판매촉진, PR 등 다양한 커뮤니케이션 수단들의 전략적인 역할을 비교, 검토하고, 명료성과 정확성 측면에서 최대의 커뮤니케이션 효과를 거둘 수 있도록 이들을 통합하는 총괄적인 계획의 수립 과정으로 정의된다. 이는 광고 이외의 촉진활동의 중요성 증가와 소비자와 매체시장의 세분화 현상이 나타나고 있으며 데이터베이스 마케팅의 등장으로 고객들과 개별적인 관계구축이 절실해졌기 때문이다.

-매일경제용어사전, 매경닷컴

백화점 마케팅을 사례로 들어 보자.

백화점 홍보팀은 주기적으로 대대적인 광고를 한다.

시즌 이슈가 생기면 언론에 보도자료도 배포한다.

불티나게 팔리는 인기상품이 있으면 방송 프로그램이나 뉴스에도 콘텐츠를 제공한다.

그럼 이것이 백화점 홍보의 끝인가?

IMC 이론에 따르면 그렇지 않다.

매장에서 주기적으로 상품을 구매하는 고객의 데이터, 택배 주문을 많이 하는 고객의 데이터, 고가 매장 단골 고객의 데이터 등도 홍보 마케팅의 재료가 된다.

이 같은 데이터를 홍보에 적극 활용하라는 것이 IMC 전략의 가장 우선적인 요구이다.

백화점의 매장들이 이 데이터를 그냥 가지고 있기만 한다면 그건 아무 쓸모도 없는 서류더미로 전락한다.

하지만 이 데이터를 가지고 홍보팀과 상의해 문자메시지를 보내고, SNS 소통을 하고, SC팀이나 DM팀과 상의해 사은품을 보내면 얘기는 달라진다.

이렇게 되면 고객 데이터는 황금으로 변신한다.

그리고 홍보를 위해 홍보팀과 매장팀, SC팀, DM팀이 협업을 해야한다.

홍보팀만 홍보를 하는 것이 아니라는 개념이다.

> IMC는 강력하고 통일된 브랜드 이미지를 구축하고 소비자를 구매행동으로 이끌기 위해 광고와 같은 단일 커뮤니케이션 수단 외에 표적 청중에게 도달하는 데 있어 가장 효과적일 수 있는 매체나 접촉수단을 적극적으로 활용한다. 또한 지속적으로 소비자와의 관계 구축을 통해 반복구매와 브랜드 애호도를 실현할 수 있다.
>
> -매일경제용어사전, 매경닷컴

IMC 전략은 홍보파트만의 과제가 아니라 조직 전체가 이에 동의를 하고 실행에 옮겨야 함을 전제로 한다.

기업 이미지 홍보도 중요하지만 결국 시장에서 고객의 마음을 움직이는 것은 각각의 제품과 고객 담당직원이다.

공공기관의 경우에도 기관 이미지 홍보도 중요하지만 고객과의 접점을 유지하는 것은 개별사업들과 그 사업을 담당하는 실무 직원들이다.

> IMC의 도구는 확인된 스폰서(광고주)가 비용을 지불하고 다양한 청중들을 대상으로 비인적 매체를 통해 이루어지는 커뮤니케이션 활동인 광고와 구매자의 즉각적인 구매행동을 자극하기 위해 혹은 단기적인 제품매출을

증대시키기 위해 사용되는 모든 형태의 마케팅 커뮤니케이션 활동인 판매

촉진(sales promotion), 불특정 다수의 성중을 대상으로 하는 비인적 커뮤니

케이션인 홍보, 구매시점에서 소비자의 구매의사 결정에 영향을 미치기 위

해 기업이 사용하는 다양한 유형의 커뮤니케이션 도구(디스플레이, 포스터, 사

진)와 기업이나 그 기업이 소유한 브랜드를 구체적인 이벤트(테니스, 월드컵,

올림픽 경기 등)나 자선활동(결식아동돕기, UNICEF)과 연계시킴으로써 소비자들

로 하여금 기업과 기업의 브랜드에 대한 관심을 제고시키기 위한 커뮤니케

이션 활동인 스폰서십 등의 다양한 도구들을 가지고 있다.

-나운봉 외, 『BRAND COMMUNICATION』, p.8, 산업정책연구원, 2005

②

IMC 전략수립을 위한 고객 분류

(1) 1차 고객

IMC의 최우선 목표는 통합홍보를 통해 해당 기관의 정책이나 행사 등을 잘 알리고 유통된 정보를 접한 이들이 많은 공감과 참여를 하는 것이다.

IMC의 가장 큰 목표는 공감과 참여 제고이다.

따라서 IMC의 1차 고객은 해당 정책이나 행사에 직접 관계가 있는 집단으로 설정한다.

대학 초청 입시박람회를 개최할 경우 학생이 1차 고객이고, 중소기업 우수제품 성장 지원 프로그램을 시행할 경우에는 기업체 사장과 임원, 직원 등이 1차 고객이다.

(2) 2차 고객

IMC의 2차 고객은 주된 대상인 1차 고객들에게 직접적 영향을 줄 수 있는 집단이다.

이들은 1차 집단에 각종 정보를 유통시켜 행사나 정책 참여 여부에 영향을 주거나 행사나 정책의 인지도를 확산시키고 우호적인 브랜드 포지셔닝이 가능하도록 역할을 할 수 있는 집단이다.

대학 초청 입시박람회의 경우 학생에게 영향을 줄 수 있는 학부모와 교사, 학원 강사, 학습지 교사 등이 2차 고객이다.

중소기업 우수제품 성장 지원 프로그램 정책의 경우 기업에 영향을 줄 수 있는 은행과 관공서, 세무서, 상공회의소, 기업인 단체, 기업을 대상으로 하는 납품업체 등이다.

중소기업 정책을 확산하기 위해 중소기업에 생수를 납품하는 업체에게 "생수통에 지원 정책 소개 스티커를 부착해 달라"고 부탁했다고 치자.

그럼 이 생수납품업체는 중소기업의 정책 참여에 영향을 줄 수 있는 2차 고객인 것이다.

학생들에게 입시박람회 참여를 알릴 수 있는 학원 강사들도 2차 고객으로 분류된다.

(3) 3차 고객

3차 고객은 행사나 정책의 지원 역할을 할 수 있고 해당 사업의 당위성을 근거해 낼 수 있는 정책기관 및 입법기관이다.

이들은 해당 사업의 존폐 여부 혹은 확대 및 축소 여부에 영향을 주는 집단이다.

이를테면 국회나 지방의회, 국책 평가기관, 예산 기관, 상급 기관 등이다.

따라서 이들 3차 고객에 대한 통합홍보활동은 비록 규모는 작을 수 있지만 중요 기능을 담당한다.

(4) 고객 데이터베이스 구축

이런 고객들을 단순하게 분류만 해놓으면 활용도가 떨어진다.

기업들이 고객들의 나이와 주거지역, 성별, 구매성향 등을 꼼꼼하게 데이터베이스화하는 것처럼 공공기관도 정책수요자들의 데이터를 집적화해야 한다.

이를테면 고객의 기본 신상 정보와 성향, 관심 있는 정보, 정책 참여 이력 등을 꼼꼼히 기록해 데이터화하면 차후 진행되는 행사와 정책실행에 '맞춤형 홍보'를 할 수 있다.

　　　　　　　　　　　　　　　　　　공공기관 홍보실무론

마케팅 데이터베이스의 구성

데이터 항목	고객식별자료 및 인구 통계적 자료	상품구입에 대한 자료	판촉물의 활용 여부 및 기업의 판촉활동 자료	고객에 대한 심리적 자료
포함요소	-고객번호 -이름 -주소 -나이 -성별 -소득 -전화번호 -직업 -최초자료수집일 -자료원 -자료수집에 활용된 판촉활동	-거래날짜 -거래금액 -거래장소 -구매량 -지불방법	-판촉/쿠폰활용여부 -카테고리 내 다른 상표구매 정보 -판촉우송여부/종류 -특별전시/진열여부	-라이프스타일 -설문지 자료

-나운봉 외, 『BRAND COMMUNICATION』, p.114, 산업정책연구원, 2005

앞의 표를 공공기관의 행사와 정책에 맞게 변형하면 다음과 같이 활용할 수 있다.

공공기관 행사/정책 고객 데이터베이스 구성

데이터 항복	고객식별자료 및 인구 통계적 자료	행사/ 정책 참여도	매치 홍보수단	고객에 대한 심리적 자료
포함요소	-고객번호 -이름 -주소 -나이 -성별 -전화번호 -직업 -최초자료수집일	-참여 시기 관심 분야 -참여 의지	-기관 홈페이지 -지인 소개 -우편 홍보물 -포스터 -현수막 -문자메시지 -언론보도 -직원 안내 *기타 사항 추가	-세부사항 설문조사

(5) 메시지 수용별 고객분류

이 같은 데이터베이스가 구축되면 공공기관은 특정 고객의 성향을 파악할 수 있다.

그리곤 이런 판단을 할 수 있다.

"다음 행사 혹은 지원 정책을 이 사람에게 알려야 할까? 말까?"

"이 사람에게 홍보를 하기 위해서는 무슨 수단이 유효할까?"

고객의 분류는 행사별로, 사업별로 양태를 달리하겠지만 분류작업 자체는 홍보부서 및 사업부서에 엄청난 도움이 된다.

특정 정책에 참여한 고객의 만족도와 태도 등을 토대로 차후 정책 홍보의 가장 효율적인 수단을 채택할 수 있기 때문이다.

수용자 세분화는 홍보에서도 유용한 기법으로 사용되었다. 보겔(Vogel, 1994)은 설문조사를 통해 수용자의 유형을 다음과 같이 분류하고 있다.

(1) 능동적 적대자: 홍보주제는 중요하다고 생각하지만, 메시지에는 동의하지 않는 사람.

(2) 능동적 지지자: 홍보주제와 메시지 모든 것에 동의하는 사람.

(3) 무관심한 적대자: 홍보주제에도 관심이 거의 없고, 메시지에도 동의하지 않는 사람.

(4) 무관심한 지지자: 홍보 메시지를 받아들이는 데 충분한 관심을 갖고 있지 않는 사람.

(5) 잠재적 전향자: 홍보주제에 높은 관심을 갖고 있지만, 확고한 의견이 없는 사람.

(6) 무관여자: 확고한 의견도 없고 관심도 없는 사람

-세버린·탠카드 공저, 박천일·강형철·안민호 공역,

『커뮤니케이션 이론』, p.277, 나남출판, 2005

3

IMC 전략수립 목적과 방법

(1) IMC 전략의 개요

IMC 전략은 구성원 전체가 실행 주체가 돼서 가능한 모든 수단을 동원해 목표를 달성하는 방식으로 수립돼야 한다.

가능한 모든 수단은 트리플 미디어에서 찾을 수 있고 달성해야 할 목표는 SSPCI 이론에서 찾으면 된다.

IMC는 데이터베이스를 통해 고객의 구매성향과 패턴을 확인하고 이를 광고와 마케팅에 활용하는 것이다.

이런 측면에서 공공기관도 각 사업별로 그간 수집된 데이터베이스를 토대로 맞춤형 타깃 마케팅을 실행할 필요가 있다.

공공기관들은 관습적인 언론보도와 뉴미디어 채널 운용, 문자메시지 및 이메일 발송, 출판물 발행 등의 수단으로 정형화된 홍보활동을 펼치기 마련이다.

그러나 이러한 정형화되고 관습적인 홍보활동은 '정보 홍수'로 일컬어지는 현대 사회에서 자칫 도태될 수 있고 발전성 없는 행위로 담보할 수 있다.

IMC 실행 방안은 일회적인 것이 아니라 전략을 수행하고 나서 평가하고, 소비자 반응에 대한 데이터를 다시 구축하는 단계를 완료한 것이다.

이렇게 되면 다음 전략의 성공을 준비하는 소비자 중심의 순환적 피드백 시스템을 담보할 수 있다.

또 IMC 전략 수행 시 커뮤니케이션 도구는 접촉점 분석을 기초로 가장 효과적인 방법으로 연계해야 한다.

공공기관들은 오랫동안 축적된 고객의 데이터베이스를 보유하고 있다.

공공기관은 이 같은 고객을 유형별로 분류하고, 각 집단별로 어떤 접촉점을 가지는 것이 효율적이라는 판단을 해야 한다.

데이터베이스를 토대로 일괄적으로 문자메시지나 이메일, 우편물을 발송하는 것보다 어느 집단에 어떤 접촉점을 유지할 것이냐를 결정해야 하는 것이다.

어떤 고객에는 우편물이나 이메일이 주효할 것이고 어떤 고객에는 담당직원이 직접 방문을 하거나 전화를 하는 것이 효율적일 수 있다.

또 어떤 고객들에게는 기관장이 직접 설명을 하거나 위촉장을 수여해 정책에 직간접적으로 참여하게 할 수도 있다.

또 페이스북과 인스타그램, 밴드 등 SNS채널에서 왕성한 활동을 하는 고객이 있다면 그들 채널을 통한 소통도 진행해야 한다.

IMC 전략은 이처럼 공공기관의 정책특성-고객 결정-직원 마인드 함양-매체 선택 및 집행 등의 방법을 하나의 시스템으로 묶는 작업이다.

고객별 데이터베이스 및 접점 구축 방안

구분	고객 데이터베이스	접점 구축
1차 고객	정책이나 행사의 직접 수혜자 혹은 참여자 데이터베이스	문자메시지, 전화통화, 카카오톡, 밴드 등 직접적인 고객 관리
2차 고객	1차 고객에서 영향을 미칠 수 있는 집단	언론뉴스, SNS확산, 커뮤니티 공략, 소식지 등 활용
3차 고객	해당 정책이나 행사를 지원하고 지속성을 담보해줄 수 있는 기관과 그 구성원들	성과 자료 발송 및 직접 설명, 감사 서한 발송 등

(2) 통합마케팅의 활용 방안

그간의 사례 및 연구 결과들을 종합하자면 공공기관은 아래와 같이 IMC 전략 모델을 도출할 수 있다.

■ 미디어 재인식

공공기관들은 미디어에 대한 관습적 활동을 펼쳤다.

이런 이유에서 전통적인 매스미디어인 중앙일간지와 방송보도보다 문자메시지가 더 저급하다는 인식이 있을 수도 있다.

하지만 IMC 전략을 통해 전통적 매스미디어보다 문자메시지가 더

효율적인 홍보수단이 될 수 있다는 과정을 점검해야 한다,

■ 애프터 마케팅 강조

소비자가 어떤 상품을 선택하는 순간 그 소비자는 추가 구매를 위한 잠재적 고객이 되는 셈이기 때문에 일단 구매한 소비자를 호의적으로 관리해 실질적인 추가 구매를 유도하는 것이 한층 더 중요해지고 있다.

일반적으로 신규 고객을 유치하는 데에 투여되는 마케팅 노력은 기존 고객을 유지하면서 재구매로 이끄는 데에 드는 노력보다 5~6배나 더 필요하다고 한다.

기존 고객을 잘 관리하는 것이 훨씬 쉽고 효율적이라는 얘기다.

공공기관 역시 신규 고객의 확장도 중요하지만 기존 고객들의 충성도를 이끌어내 그들에 의해 우호적 참여율이 제고되는 방식을 우선시해야 한다.

이를테면 기존 정책과 행사의 고객들의 데이터베이스가 구축되면 그들과 접점을 지속적으로 유지할 수 있다.

또 그들을 통해 신규 고객을 늘릴 수도 있다.

(3) 데이터베이스의 활발한 이용

데이터베이스는 IMC 전략의 핵심이다.

공공기관에서 데이터베이스를 이용할 때는 좀 더 세심한 접근이 필요하다.

기관의 부서별로 고객의 특성이 다를 수 있다.

따라서 고객별로 맞춤형 필요 정보를 제공해 접점을 지속화하기 위해서는 그 고객의 특성을 잘 분석해야 한다.

또 기관의 모든 고객에게 공통적으로 필요한 정보들도 선별해 일괄 제공하는 체계를 갖추어야 한다.

이를테면 지자체의 공연분야 정책이나 행사에 지속적으로 참여하고 있는 고객에게 건축 인허가 정보 등을 꾸준히 보내는 것은 검증되지 않은 홍보마케팅 활동이다.

정보의 개연성과 타당성을 찾아 더욱 정확하게 고객 특성을 파악하고 명확한 메시지를 만들어 내야 한다.

이러기 위해서는 행사와 교육, 공모, 지원시책, 민원접수 등 기관의 모든 활동에서 고객 데이터베이스를 구축하는 노력을 벌여야 한다.

일단 구축된 데이터베이스는 과학적 접근과 분석을 통해 고객 특성을 분류하고 활용 시에는 필요한 데이터만을 엄선해 효용성을 제고해야 한다.

(4) 효과 측정을 위한 지표 개발

기업의 입장에서 보면 IMC 전략 활동도 투자이다.

당연히 투자 대비 효과를 측정해야 한다.

이 같은 투자 대비 효과 측정은 실행 완료한 전략을 지속시킬 것인가, 아니면 폐기하거나 조정할 것인가를 판단하는 근거가 된다.

공공기관의 경우 IMC 같은 홍보활동을 벌이고 나서도 효과 측정을 실시하지 않는 것이 대부분이다.

특정 행사나 정책을 실행하고 나서 내리는 홍보효과에 대한 성패 판단 근거는 '사람이 많이 왔다', '지원자가 많았다', '기관장이 만족했다', '언론에 많이 보도됐다'는 정도이다.

기업이라면 "돈을 썼으니 효과를 측정해 봐라"고 하는 것이 당연한데 공공기관은 그렇지 않은 것이다.

사실 기업은 '매출'이라는 기준이 있다.

홍보활동비용 대비 매출을 보면 효과 측정이 가능하다.

그러나 공공기관은 이윤을 남기는 곳이 아니기 때문에 매출이라는 기준을 내세워 효과를 측정할 수도 없다,

그렇다고 해서 IMC 전략 같은 홍보활동에 대해 효과 측정을 포기해서는 안 된다.

이 장에서는 기업에서 사용하는 홍보효과 측정 방법을 토대로 공공기관의 측정 모델을 구성해 보도록 하겠다.

현재 기업에서 활용되고 있는 홍보효과 측정 모델

CPM (Cost Per Mille)	1,000회당 홍보비용. 홍보효과 측정방법의 기반이며 노출횟수 기준 측정법. 노출(클릭률)이 CPC와 같거나 그 이상이면 더욱 효과적. 이유는 노출(클릭률)과 동시에 정확한 노출횟수가 보장되므로 기업/제품 이미지 홍보효과를 부가적으로 얻게 되기 때문.
CPC (Cost Per Click)	1클릭당 홍보비용. 노출효과 의문에 대한 대안으로 도입됐으나 CPM에 비해 널리 사용되지 않음. 의도적 허수클릭 등 여러 가지 문제점이 제기되고 있기 때문.
CPA (Cost per Action)	1반응당 홍보비용. 광고를 본 사용자가 회원등록, 소프트웨어 다운로드, 설문 응답, 경품행사 참여, 카탈로그 프린트 등과 같이 광고주가 원하는 특정한 행동을 수행한 횟수에 따라 가격을 책정하는 방식.
CPS (Cost per Sale)	1매출당 홍보비용. 홍보를 통하여 구매를 하거나, 배너를 클릭한 후 웹사이트로 이동하여 구매를 했을 때. 매금액의 일정 비율을 홍보비용으로 책정하는 방식. CPA와 유사개념.

　현재 기업의 홍보효과 측정에서 사용되고 있는 모델은 대체로 앞의 표에 있는 4가지로 압축될 수 있다.

　그러나 공공기관의 홍보효과를 측정하는 모델은 없다.

　다만 특정 사업의 참여인원과 경쟁률, 관람객 규모, 예산 집행액, 지원자(志願者) 규모 등등의 수치가 공공정책의 홍보효과를 대신하고 있을 뿐이다.

　공공기관은 예산을 사용해 기업과 개인을 지원하는 역할을 하고 있다.

　이 같은 공공기관의 홍보활동을 측정했을 때 일반 기업처럼 투자 대비 경제적 이익 등을 엄정하게 따져 내기는 어려운 실정이다.

공공기관도 홍보활동과 성과를 매치시키는 평가 측정 모델을 설정해야만 홍보의 발전을 이룰 수 있다.

그러나 위 4가지 홍보효과 측정 모델 중 CPM이나 CPC, CPA는 단순노출과 클릭, 반응 횟수를 토대로 하기 때문에 실제 사업 참여를 제고해야 하는 공공기관의 특성과는 맞지 않다.

단순노출과 클릭, 반응이 참여율로 이어진다면 맞겠지만 그렇지 않을 경우에는 성과로 볼 수가 없기 때문이다.

단순노출과 클릭이 많고 질문이나 호감 표현이 많았다고 사업성과가 높다고 판단할 수는 없다.

따라서 공공기관에 대해서는 기업에서 실제 매출로 이어지는 홍보효과를 측정하는 CPS(Cost per Sale)의 개념을 가장 유사한 모델로 살펴볼 필요가 있다.

다만 기업이 1매출당 홍보비용을 CPS에 도입하고 있는 것을 공공기관에서 그대로 받아들이기에는 몇 가지 문제가 있다.

우선 홍보비용이다.

공공기관이 사업을 시행하며 행하는 홍보활동은 기업과 다른 형태이다.

기업의 경우 특정 제품 마케팅을 통해 사용한 광고비용과 현장 직원 인건비, 콘텐츠 제작비, 경품 발송, 이벤트 비용 등을 종합할 수 있고 그를 토대로 1매출당 홍보비용을 산출할 수 있다.

1,000만 원의 홍보비를 들여 10만 개의 상품을 팔았다면 1매출당 홍보비용은 100원이다.

매출당 홍보비용은 낮을수록 좋다.

이 제품의 가격을 1만 원이라고 가정하면 총매출은 10억 원이다.

1만 원짜리 물건을 1개 파는 데 100원의 홍보비가 든 것이다.

1만 원짜리 물건을 1개 파는 데 50원의 홍보비가 들었다면 홍보효과는 더욱 높게 측정된다.

그러나 공공기관의 홍보는 형태가 다르다.

물론 광고를 집행하기도 하지만 공무원이 특정 단체를 찾아가 정책을 홍보하기도 하고 기존 고객들에게 전화를 걸어 안내하기도 한다.

기관 홈페이지 정보 게시와 SNS채널 포스팅, 보도자료 배포도 한다.

여기에 들어가는 공무원 인건비와 노력, 네트워크 관리비 등은 특정 사업에만 한정될 수 없기 때문에 비용으로 따질 수 없다.

홍보효과 측정을 위해 기업이 사용하는 CPS 모델을 공공기관이 그대로 받아들일 수 없는 또 하나의 이유는 매출(Sale)에 있다.

공공기관 사업의 홍보성과를 예산 사용과 매출 등으로 평가할 수는 없기 때문이다.

따라서 공공기관의 홍보성과는 얼마나 많은 사람들이 지원 혹은 참여를 했느냐로 판가름해야 한다.

이에 따라 공공기관이 기업의 CPS(Cost per Sale) 홍보효과 측정 모델을 도입할 경우에는 비용(Cost)은 홍보활동(Action)으로, 매출(Sale)은 지원(Application)으로 변형할 필요가 있다.

행사나 정책의 참여·지원자당 홍보활동 APA(Action per Application)인 것으로 기존 홍보효과 측정 모델을 변형한 개념이다.

여기서 우리는 앞서 다룬 트리플 미디어를 다시 한번 상기할 필요가 있다.

트리플 미디어는 돈을 지불하는 '페이드 미디어'와 내가 가진 채널 '온드 미디어', 노력해서 얻는 채널 '언드 미디어'로 나뉜다.

페이드 미디어는 반드시 비용이 들어가야 하고 온드 미디어와 언드 미디어는 돈이 들어갈 수도 있고 아닐 수도 있다.

이를테면 특정 행사나 정책을 실행하며 홈페이지와 블로그, 브로슈어 등을 외주 줬다면 온드 미디어지만 돈이 들어간 것이다.

돈이 들어가긴 했지만 이것을 페이드 미디어로 보기는 어렵다.

이런 모호함은 공공기관 행사나 정책의 홍보효과 측정에 어려움을 주는 이유이기도 하다.

필자는 이 장에서 트리플 미디어 기반 홍보활동(Action) 대비 지원 혹은 참여자(Application)를 따지는 방법으로 '매체별 지수'를 세분화하는 방식을 제시할 것이다.

홍보활동에는 비용이 들어가는 페이드 미디어와 비용이 들어가지 않는 온드 미디어, 언드 미디어를 모두 포함한다.

■ APA(Action per Application) 홍보효과 측정 모델

○○사업 홍보효과 측정				
구분		예산(원)	지원/참여자(명)	효과(원, %)
페이드미디어	포털광고	30,000,000	2,000	15,000
	신문광고	20,000,000	500	40,000
	케이블 TV광고	20,000,000	1,000	20,000
	라디오광고	7,000,000	300	23,333
	현수막	7,000,000	1,000	7,000
	포스터	2,000,000	200	10,000
	문자메시지	1,000,000	300	3,333
	버스래핑 광고	13,000,000	400	32,500
소계		100,000,000	5,700	17,544 Ⓐ57.81
온드미디어	기관 홈페이지	-5,263,200	300	
	기관 블로그	-8,772,000	500	
	기관 페이스북	-7,017,600	400	
	기관 인스타그램	-7,017,600	400	
	기관 유튜브	-3,508,800	200	
	기관 소식지	-175,440`	10	
소계		-31,754,640	1,810	Ⓑ18.36
언드미디어	유관 단체 안내	-10,526,400	600	
	인터넷 커뮤니티	-3,508,800	200	
	공무원 안내	-3,508,800	200	
	지인 소개	-877,200	50	
	종이 신문 기사	-1,754,400	100	
	방송 뉴스	-12,280,800	700	
	인터넷 뉴스	-5,263,200	300	
	기타	-3,508,800	200	
소계		-41,228,400	2,350	Ⓒ23.83
미디어 믹스 지수		Ⓓ1.97(매체유입 9,860명/실제지원 5,000명)		

앞의 표는 공공기관의 특정 사업 홍보활동을 가정한 것이다.

표는 행사 참여자나 정책 프로그램 시원지들에게 "정보를 접한 경로는?"이라는 질문을 해서 만들어져야 한다.

조사 대상은 행사의 경우 실제 행사에 참여한 사람이어야 한다.

행사장 입구에서 설문 조사를 하는 것이 가장 좋다.

수만 명 이상이 찾는 대규모 행사의 경우, 500~1,000명 정도의 샘플조사를 하는 것도 가능하다.

대규모 행사 샘플링 조사는 나중에 전체 인원 대비 가중치를 적용해야 한다.

정책 프로그램의 경우 지원서를 받을 때 질문 문항을 넣어야 한다.

50명을 선발하는 정책에 500명이 지원했다면 500명 전원에게 설문을 받아야 한다.

일단 지원서를 냈다면 이 정책에 참여했다고 볼 수 있기 때문이다.

매체는 중복해서 선택할 수 있도록 해야 한다.

특정 행사나 정책 프로그램에 참여를 결정할 때 단 1개의 매체나 인지경로가 작용할 수도 있지만 여러 개의 매체가 복합적으로 작용할 수도 있다.

그래서 조사에는 참여자 혹은 지원자가 접한 모든 매체를 반영해야 한다.

이 조사의 주요 지수로는 표에 마크된 ⓐ페이드 미디어 성과 지수 ⓑ온드 미디어 성과 지수 ⓒ언드 미디어 성과 지수 ⓓ미디어 믹스 지수 등으로 나눌 수 있다.

페이드 미디어 성과지수는 전체 참여자 혹은 지원자들이 접한 매체 유입 연인원 9,860 중에 페이드 미디어 유입 연인원이 차지하는 비율 57.81%를 지수로 나타낸 것이다.

페이드 미디어 지수	온드 미디어 지수	언드 미디어 지수
57.81	18.36	23.83

온드 미디어와 언드 미디어 지수도 같은 방식으로 산출됐다.

이 같은 트리플 미디어 지수를 보면 이 사업의 홍보는 비용을 들인 페이드 미디어를 통한 참가·지원이 절반 이상 차지했다는 것을 알 수 있다.

온드 미디어는 18.36, 언드 미디어는 23.83이다.

이 같은 지수는 페이드 미디어에 주력을 하고 담당 공무원들이 온드 미디어와 언드 미디에서 열심히 노력을 했다는 해석이 가능하다.

만일 온드 미디어나 언드 미디어 지수가 현저하게 낮다면 담당 공무원들의 홍보 노력이 미흡했다는 의미다.

반면 페이드 미디어 지수가 현저하게 낮다면 사업의 광고 효과가 미흡했다는 것인데, 이는 광고 콘텐츠 및 채널의 문제 혹은 사업 자체의 문제일 수 있다.

페이드 미디어를 세부적으로 들여다보도록 하자.

포털광고에 3,000만 원을 썼는데 이를 보고 2,000명이 참여·지원을 해 1인당 1만 5,000원이 들어간 것으로 집계됐다.

신문광고는 1인당 4만 원, 버스래핑 광고는 3만 2,500원이었다.

현수막은 1인당 7,000원, 문자메시지는 3,333원으로 상대적으로 낮게 나타났다.

이 같은 수치는 문자메시지나 현수막이 다른 매체에 비해 1인당 유입 비용이 적어 효율이 높다는 얘기다.

페이드 미디어의 1인당 유입 평균 비용은 1만 7,544원이다.

비용이 들어가지 않은 온드 미디어와 언드 미디어 활동에 이를 대입하면 담당 공무원들의 노력 수치를 볼 수 있다.

공무원들이 기관 홈페이지에 정보를 올려 300명이 참여·지원했으니 페이드 미디어 1인당 유입 평균 비용 1만 7,544원을 적용하면 526만 3,200원이 절감된 것이다.

또 공무원들이 유관단체 안내 활동을 벌여 600명이 참여·지원했으니 같은 방식을 적용하면 1,052만 6,400원이 절감됐다.

이 표는 이해를 돕기 위해 온드 미디어와 언드 미디어 예산을 (-)로 표시했다.

그러나 앞에서 설명한 것처럼 온드 미디어나 언드 미디어에도 예산이 들어갈 수 있다.

이를테면 행사나 정책을 위한 별도의 홈페이지나 SNS채널을 외주를 통해 구축했다면 예산이 들어갔기 때문에 그 비용도 기재해 페이드 미디어와 같은 방식의 평가를 해야 한다.

표 맨 끝부분 미디어 믹스 지수를 보자.

참여·지원자 중 미디어를 본 연인원은 9,860명이다.

설문에는 매체를 중복 선택 가능하도록 했다.

따라서 이 숫자에는 여러 개의 매체를 본 인원도 포함돼 있다.

매체유입 인원을 실제 참여·지원자 수로 나눈 지수가 1.97인데 이를 미디어 믹스 지수라고 한다.

쉽게 얘기해서 실제 참여·지원자 1명이 1.97개의 매체를 접했다는 얘기다.

$$매체유입인원 \div 참여지원자수 = 미디어믹스$$

현재 미디어 추이를 감안했을 때 이 같은 미디어 믹스 지수는 높으면 높을수록 정책이나 행사에 대한 정보를 확산시킬 수 있고 신뢰도도 제고할 수 있다.

이 같은 APA 측정은 단 1번의 결과만을 가지고는 전략적 활용이 어렵다.

1번 측정한 결과를 가지고는 각 매체별, 홍보활동별 단기간 성과는 알아볼 수 있어도 장기적이고 연속적인 추이는 알 수가 없는 것이다.

1회 측정 결과를 통해서는 현저하게 유입률이 낮은 매체와 월등하게 유입률이 높은 매체 정도만 구분할 수 있을 뿐이다.

공공기관의 사업들은 대부분 연속성 있게 해마다 반복된다.

이들 사업의 장기적 홍보전략을 수립하기 위해서는 APA 측정 결과를 해마다 축적해 그 추이를 살피는 것이 중요하다.

○○사업 연도별 APA 홍보효과 측정

구분	페이드 미디어 지수	온드 미디어 지수	언드 미디어 지수	미디어 믹스 지수
2018	30.54	34.00	35.46	1.54
2019	39.21	28.41	32.38	1.65
2020	45.92	21.65	32.43	1.69
2021	57.81	18.36	23.83	1.97

이 표를 보면 특정 사업의 APA 홍보효과 측정 추이를 볼 수 있다.

페이드 미디어의 영양틱이 갈수록 증대하고 있으며 비용이 들지 않는 온드 미디어와 언드 미디어 지수는 완만한 하락폭을 기록하고 있다.

온드 미디어와 언드 미디어의 영향력이 페이드 미디어 쪽으로 옮겨 가고 있음을 볼 수 있다.

또 미디어 믹스 지수도 갈수록 높아지면서 참여·지원자 1명이 접한 미디어가 증가하고 있음을 설명하고 있다.

이렇게 APA 측정 결과를 해마다 축적해 놓으면 어떤 미디어에 주력을 하고 어떤 미디어는 축소 및 폐기해야 한다는 장기적 전략을 수립할 수 있다.

매체별 지수 외에 세부항목들의 결과들도 비교해 보면 해당 사업의 미디어 성과와 예산 효율 등을 한눈에 볼 수 있다.

또 그간 수행하지 않았던 인스타그램이나 GDN 광고 등 새로운 매체 활동을 추가시켜 보고 이에 대한 효과도 예년 결과와 비교 할 수 있다.

사업부서에서 이 같은 측정 결과를 축적시켜 놓으면 담당자가 바뀌더라도 지속적으로 전략을 수립하고 결과를 평가할 수 있다.

다만, 이 같은 측정결과를 여타 사업 측정 결과와 상호비교하는 데는 신중해야 한다.

사업별로 대상과 형태, 내용이 틀리기 때문에 모든 사업에 획일적인 비교 잣대를 적용하는 것은 절대적일 수 없다는 얘기다.

지금까지 설명한 공공기관 홍보효과 측정 모델 APA에 대해 정리해 보도록 하겠다.

① APA 모델은 단 1번의 조사만으로는 장기적 전략적 활용에 한계가 있다. 반드시 데이터를 축적해야 한다.
② 세부 항목에서 현저하게 효율이 떨어지는 매체는 과감하게 배제시키거나 축소시킨다.
③ 세부 항목에서 월등한 성과를 보인 매체를 선정해 선택 집중의 전략을 수립한다.
④ 효율적인 미디어들을 적절하게 안배한다. 특정 매체의 확장 한계성을 염두에 두고 전략을 수립한다.
⑤ 온드 미디어와 언드 미디어를 통한 예산 절감액이 페이드 미디어 비용보다 커진다면 과감하게 광고비용을 축소한다.
⑥ 기관별, 사업별로 지수는 다른 패턴을 보일 수 있으니 숫자보다는 추이를 중시해야 한다.

IMC 수행 5단계

  IMC 전략을 수행하기 위해서는 다음과 같이 5단계의 절차를 거치게 된다.

  우선 1단계로 고객 및 잠재 고객을 규명하고 2단계로 고객 및 잠재 고객의 가치 평가를 해야 한다.

  3단계에서는 커뮤니케이션 메시지와 인센티브 프로그램을 수립하고 4단계에서는 고객투자비용 대비 환수 추정치를 산출해 낸다.

  마지막 5단계에서는 미래 계획을 수립한다.

  이 같은 IMC 수행 5단계를 실제 사업 예시와 함께 검토해 보겠다.

(1) 고객 및 잠재 고객의 규명

1단계 - 고객 및 잠재 고객의 규명
1단계에서의 초점은 다양한 형태의 정보와 자료를 통합해 커뮤니케이션할 대상이나 회사에 대한 통찰력을 제시하는 데 있다. 고객들은 그들의 행동 양식에 의거해서 그룹으로 묶여지고 각 그룹에 연관성 있는 커뮤니케이션 프로그램을 개발해야 한다. 공공기관의 경우 앞서 설명한 것처럼 1차 고객과 2차 고객, 3차 고객을 규명하고 그들과 커뮤니케이션 접점을 구축하는 것을 말한다.

(2) 고객 및 잠재 고객의 가치 평가

2단계-고객 및 잠재 고객의 가치 평가
IMC 전략의 고객이나 잠재 고객이 기관에 미칠 영향력 가치를 평가한다. 공공기관의 경우 스스로 수익을 창출하지 않기 때문에 '재정적 수익'를 따지지 않고, '고객이 우리 기관의 위상을 제고할 가능성'을 기준으로 홍보 우선순위를 정해야 한다. 이를테면 20대 대학재학생은 우리 기관의 사업에 어떤 가치가 있고 50대 중소기업대표는 어떤 가치가 있는지를 면밀히 따져 분류한다.

소프트웨어 전문가 육성 사업 고객 및 잠재 고객의 가치 평가 예시

구분		고객 가치
1차 고객	20대 대학 재·졸생	가장 많은 지원자가 집중된 고객 집단. 이들이 지원을 많이 해야 기관이 대내외적으로 인정을 받고, 존재 논리를 펼칠 수 있음. 앞장에서 제시된 홍보수단을 통해 가장 정성을 기울여야 할 가치가 있음.
	고교생	지속적으로 관리해 고교생들에게도 사업을 알려 장기적이고 지속적인 지원율 제고에 도움을 받을 수 있는 가치 집단
	전문대생	소수이긴 하지만 지원자를 늘릴 집단
	대학원생	소수이긴 하지만 지원자를 늘릴 집단
2차 고객	교수	IT 관련 전공학생들에게 사업을 전파할 수 있는 고객집단. 관련 교수 데이터베이스를 구축해 지속적인 인사와 소식 유통을 하며 장기적으로 관리해 나가야 할 집단
	학부모	자신의 자식이 전문가 육성 대상 혹은 수료생이라는 것을 자랑스러워하고 이 같은 자부심을 널리 알릴 수 있는 고객 집단. 육성사업 대상자 부모 연락처 등도 획득해 데이터베이스화 하고 지속적으로 소식과 인사를 전해야 함.
	수료생	수료생임을 자랑스러워하고 이를 전파할 수 있는 집단. 수료생임을 자랑스러워하는 계기를 지속적으로 만들어 줘야 함.
	IT업계	관련 업계와 학생들에게 전파할 수 있는 매개집단. 관련 업계 데이터베이스도 구축해 사업 소식을 알려야 함.
	일반 국민	계획된 매체를 통해 노출을 시도, 사업의 브랜드를 대중화시키는 데 활용할 집단
3차 고객	관련기관 기관장 간부	사업의 실행과 예산을 적극 지원하고 운영 명분을 지켜줄 고객 집단. 실무적인 인사와 보고 외에도 문자와 메일을 통한 정보 제공도 적극적으로 실행
	관련 기관 실무자	실무적 협의 및 결정을 함께 공유해야 할 집단

3차 고객	국회의원 (지방의원)	사업명분과 예산 집행을 공고히 하고 이를 강력하게 지켜줄 수 있는 집단. 소속 상임위원을 사업행사에 초청하거나 성과 발표에 초청해 참석한 의원들이 사업에 더욱 우호적인 태도를 갖도록 해줘야 함. 국회 방문 인사나 행사장 인사는 물론 문자메시지와 이메일, 카톡 등을 통한 소식 정보 제공도 지속적으로 해야함. 국회 소속 상임위원들과 페이스북 친구 맺기
	국회 보좌진	국회의원들에게 중요성을 납득시킬 수 있는 실무집단. 지속적인 통화와 안부인사, 의원 행사 초청 관련 협의 등을 통해 관계 구축. 국회 인사나 문자메시지, 카톡, 이메일을 통한 정보 제공

(3) 커뮤니케이션 메시지와 인센티브 프로그램의 수립

3단계-커뮤니케이션 메시지와 인센티브 프로그램의 수립
표적 고객에 대한 설득 커뮤니케이션의 내용과 전달 방법에 대한 계획을 수립한다. 또 마케팅 수단을 어떻게 최적화할 것인가를 결정해야 한다.

소프트웨어 전문가 육성 사업 고객에게 돌아갈 혜택과 이익을 메시지로 도출 예시

구분		메시지 예시
1차 고객	20대 대학 재·졸생	사업에 지원하면 혜택과 명예가 주어진다. "대한민국 미래 먹거리 선도자! 소프트웨어 전문가에 도전하세요!" "소프트웨어 전문가! 대한민국 미래 먹거리는 당신이 만듭니다!"
	고교생	
	전문대생	사업에 지원하면 혜택과 명예가 주어진다. "대한민국 미래 먹거리 선도자! 소프트웨어 전문가에 도전하세요!" "소프트웨어 전문가! 대한민국 미래 먹거리는 당신이 만듭니다!"
	대학원생	사업에 지원하면 혜택과 명예가 주어진다. "대한민국 미래 먹거리 선도자! 소프트웨어 전문가에 도전하세요!" "소프트웨어 전문가! 대한민국 미래 먹거리는 당신이 만듭니다!" 사업에 지원하면 혜택과 명예가 주어진다. "대한민국 미래 먹거리 선도자! 소프트웨어 전문가에 도전하세요!" "소프트웨어 전문가! 대한민국 미래 먹거리는 당신이 만듭니다!"
2차 고객	교수	우리 학생을 지원시키면 진로에 도움이 된다. "교수님! 제자 분들을 대한민국 소프트웨어 전문가로 모시겠습니다." "교수님! 제자들에게 대한민국 최고가 될 수 있는 기회를 적극 추천해 주세요."
	학부모	내 자식이 전문가라는 것이 자랑스럽다. "귀하의 자녀가 대한민국 미래 먹거리를 만들고 있습니다." "귀하의 자녀를 대한민국이 보증합니다!"
	수료생	내가 수료생이라는 것이 자랑스럽다. "대한민국은 당신을 믿습니다."
	IT업계	소프트웨어 전문가들은 훌륭하다. "전문가 육성 사업 수료생들이 해냈습니다!"
	일반 국민	소프트웨어 전문가들은 훌륭하다. "전문가 육성 사업 수료생들이 해냈습니다!"
3차 고객	전체	소프트웨어는 국가의 미래다. 내가 그들을 챙기고 있다. "대한민국 미래를 키우고 계십니다."

(4) 고객투자비용 대비 환수 추정

4단계-투자비용 대비 홍보효과 측정(APA)
기업은 재무적 가치 평가를 통해 매출 증대로 평가하지만 공공기관의 경우, 브랜드 이미지 구축이라는 장·단기적인 결과에 대한 평가를 거쳐야 한다.

■ APA 홍보효과 측정 모델로 대체

(5) 미래 계획 수립

5단계-프로그램 사후 분석 및 미래 계획 수립
IMC 전략을 적절한 시기에 집행하고 평가하며 이를 바탕으로 미래전략을 수립

■ 사업별 APA를 통한 미래 홍보전략 수립
  - 주력해야 할 고객과 홍보매체 정립

V. IMC 전략 홍보의 실제

❶
행사와 정책의 홍보전략 수립 연습

> 무작정 그럴듯한 홍보전략과 전술을 개발하는 것은 의미가 없다. 그보다
> 는 각 조직의 목적, 환경, 관련 공중 등에 맞는 홍보전략과 전술을 개발하
> 는 것이 우선적으로 필요하다. 그러므로 각 조직은 홍보전략을 개발하기
> 위한 연구에 홍보 예산을 투자해야 할 것이다. 각 조직에 나름대로 차별화
> 된 선도전략이 없으면 경쟁에서 더 이상 우위를 확보할 수 없는 이른바 홍
> 보전쟁의 시대가 도래하였다.
>
> -윤희중·신호창, 『PR전략론』, p.28, 책과길, 2001

홍보에는 다양한 이론과 학설이 있다.

비전문가들은 이 같은 이론과 학설만으로 담당 사업의 홍보 가닥
을 잡기 힘들다.

특히 공공기관의 경우 홍보부서도 거쳐 가는 하나의 파트이다.

임용 이후부터 퇴직할 때까지 홍보부서에만 근무하는 공직자는 없
기 때문에 홍보 이론과 학설을 실무에 접목시키는 일은 어렵기 마련
이다.

따라서 이 책에서는 실무자들의 이해를 돕기 위해 실제 행사와 정

책의 사례를 설정해 그간 알아본 SSPCI 모델과 트리플 미디어, IMC 전략 등 홍보 이론들을 접목시켜 보도록 하겠다.

앞 장에서 설명한 것처럼 IMC 전략은 홍보 대상(고객)을 선정하고, 그 고객들에 대한 홍보 목표 단계(SSPCI)를 설정하며, 이들에게 도달 가능한 매체(트리플 미디어)를 리스트업하고, 실행에 옮겨 그 성과를 측정해 축적하는 일련의 과정이다.

IMC 전략의 과정
고객 선정 → 홍보 목표 단계 설정 → 매체 리스트업 → 실행 → 성과 측정 → 측정 결과 축적 → 전략 재수립

(1) 대학 초청 입시박람회

행사명	대학 초청 입시박람회
일시	4월 20일~4월 22일(3일간)
장소	○○체육관
주최/주관	○○공공기관 (정부기관 혹은 지자체 등)
내용	전국 대학 200곳이 입시설명 부스를 운영, 각 대학 입학사정관 직접 상담
행사	주요대학 설명회, 성공 입시사례 강연, 수험생 건강관리법 특강, 예체능 입시 특강, 중고생을 위한 진로적성검사 등

예산(홍보비)	1억 원(3,000만 원)
참석 예상 대상과 인원	수험생, 학부모 등 2만 명
기대효과	정확하고 다양한 입시정보 제공으로 주최 기관 우호적 인지도 확산

공공기관이 주최하는 대학 초청 입시박람회 행사 개요이다.

수험생들과 부모들을 위해 공공기관이 전국의 대학들을 초청해 입시박람회를 열고 다양한 부대 행사를 진행한다는 내용이다.

독자 여러분이 이 행사의 홍보담당자라면 어떤 식으로 계획을 짜야할까?

홍보비는 3,000만 원이다.

지금부터 앞 장에서 설명한 이론과 절차에 따라 홍보계획을 수립해 보겠다.

우선 홍보를 하려면 대상 고객을 선정해야 한다.

앞장에서 다룬 것처럼 1차 고객은 직접 대상자, 2차 고객은 1차 고객에게 영향을 미칠 수 있는 개인과 집단, 3차 고객은 이 행사를 지원해 주고 지속성을 담보해 줄 집단과 구성원이다.

따라서 이 행사의 1차 고객은 입시의 정보 제공의 직접 수혜자인 수험생들이다.

1차 고객에 대한 홍보 목표 단계는 '통제(C)'로 하겠다.

1차 고객들에게 "이 행사에 오지 않으면 손해들 본다. 꼭 참여해서 좋은 정보를 얻어야 한다"는 메시지를 각인시켜 행사에 참여하도록 통제를 하는 수준이다.

통제 단계 홍보목표 달성을 위해서는 메인 카피를 정해야 한다.

1차 고객에 대한 메인 카피는 '내 인생을 결정하는 입시박람회'로 하겠다.

내 인생을 결정하는 입시박람회이니 반드시 참여하라는 메시지를 담았다.

다음은 1차 고객에게 도달할 매체를 선정해야 한다.

1차 고객들을 겨냥한 매체들을 대체로 2차, 3차 고객에게도 유효하다.

그런데 이 매체 선정은 주어진 예산 수준에 맞춰야 한다.

행사의 홍보 예산이 3,000만 원이니 페이드 미디어에서는 구글 GDN 광고와 페이스북 광고, 유튜브 광고. 현수막, 포스터, 브로슈어 제작, SNS 홍보 경품이벤트, 서포터즈 활동 지원 등을 매체로 활용하겠다.

여기서 현수막와 포스터는 비용을 주고 제작, 부착을 의뢰하는 경우로 가정해 페이드 미디어로 분류한다.

구글 GDN 광고와 페이스북 광고, 유튜브 광고는 박람회가 열리는 지역에서 '입시' 관련 키워드에 관심 있는 집단에 타깃팅이 되는 매체이다.

비용이나 노출빈도, 기간 등을 광고주가 정할 수 있으니 모든 것이 맞춤형인 셈이다.

또 광고 유입 고객에 대한 정보와 통계도 얻을 수 있다.

현수막와 포스터, 브로슈어는 특정 지역을 거점으로 하는 행사에서 더 없이 중요한 홍보수단이다.

SNS 홍보 경품이벤트는 SNS채널을 통해 사전 관람 예약을 한 고객이나 박람회 관련 콘텐츠를 공유하거나 친구들에게 전달한 고객들에게 경품을 제공하는 형식이다.

또 서포터즈 활동 지원은 박람회 서포터즈를 선발해 자신의 SNS채널에 행사에 대한 포스팅을 하고 이를 친구들과 공유하게 하는 홍보방법이다.

1차 고객에 대한 온드 미디어와 언드 미디어 홍보방법은 아래 표를 참고하면 된다.

2차 고객은 수험생들에게 직간접적 영향을 미칠 수 있는 부모와 학교 교사, 학원 강사, 서점 종사원, 스터디카페 종사원, 독서실 종사원 등으로 잡을 수 있다.

2차 고객에 대한 홍보 목표 단계는 '설득(P)'으로 하겠다.

자신들이 영향을 줄 수 있는 수험생들에게 입시박람회를 적극 알려 달라는 메시지를 전달하는 것이다.

이들에 대한 메인 카피는 "소중한 수험생에게 소중한 박람회를 알려 주세요~"라고 정하겠다.

이들에게는 페이드 미디어인 기념품과 함께 안내문, 포스터 등을 제공하는 방식으로 접근한다.

언드 미디어의 경우 입시박람회 담당공무원이 2차 고객들에게 전화를 하거나 직접 방문해 설명하는 방식을 택한다.

3차 고객은 이 행사를 지원해 줄 의회와 예산담당기관 및 유관기간이다.

이들에 대한 홍보 목표 단계는 '일체화(I)'로 하겠다.

이 행사의 중요성을 알리고 지속적인 지원과 예산편성을 이끌어 내기 위해 공공기관의 입시박람회와 3차 고객을 일체화시키는 것이다.

이들에 대한 메인 카피는 "감사합니다. 수험생들에게 더 없이 귀한 시간을 만들어 주셨습니다"라고 정한다.

이들에게는 언드 미디어 방식인 직접 설명과 행사 개요 제공, 행사 성과 제공 등의 홍보활동을 벌인다.

지금까지 설명한 입시박람회에 대한 IMC 전략을 다음과 같이 정리한다.

고객별 카피와 미디어 홍보

구분	1차 고객	2차 고객	3차 고객
목표 단계	통제(C)	설득(P)	일체화(I)
메인 카피	내 인생을 결정하는 입시박람회	소중한 박람회를 알려 주세요	더 없이 귀한 시간을 주셨습니다
페이드 미디어	구글 GDN 광고, 페이스북 광고, 유튜브 광고. SNS 홍보 경품이벤트, 서포터즈 활동지원		
		현장 기념품	
온드 미디어	기관 홈페이지 및 SNS, 기관 소식지, 현수막, 포스터, 브로슈어, 안내장 제작,		
언드 미디어	언론보도, 커뮤니티 홍보	언론보도, 방문 설명, 전화·문자 설명	언론보도, 행사 계획 및 성과 홍보

자, 입시박람회에 대한 홍보의 대강이 섰으니 김 팀장을 다시 등장시켜 보자.

입시박람회의 총 예산은 1억 원. 이 중 홍보비는 3,000만 원이다.

김 팀장은 이 입시박람회 홍보계획과 예산을 편성해 보라는 지시를 받았다.

어떤 홍보채널에 얼마를 투자할 것인가?

김 팀장은 이제 '어떤 홍보채널'을 고민할 필요가 없어졌다.

트리플 미디어를 달달 외우고 있을뿐더러 최신 광고 및 홍보 기법도 정확하게 파악하고 있기 때문이다.

김 팀장은 일사천리로 홍보계획을 수립하고 소요 예산을 산출했다.

대학 초청 입시박람회 홍보수단 및 예산안

구분		산출내역	예산(원)
페이드	GDN 광고	1개월	3,000,000
	페이스북 광고	1개월	2,000,000
	유튜브 광고	1개월	3,000,000
	인스타그램광고	1개월	3,000,000
	SNS 경품	모바일 음료상품권 5,000원×300매	1,500,000
	서포터즈	10명×10건	3,000,000
	현장 기념품	머그컵2,000개	2,000,000
소계			17,500,000
온드	기관 홈페이지		비예산
	기관 SNS		비예산
	기관 소식지		비예산
	현수막	50매(부착포함)	2,500,000
	포스터	300매(발송포함)	1,200,000
	브로슈어	4p×5,000부	5,000,000
	안내장	500부(발송포함)	1,000,000
소계			9,700,000

언론	언론보도		비예산
	전화 안내		비예산
	학교/학원방문		비예산
소계			비예산
합계			27,200,000
부가세			2,720,000
총계			29,920,000

김 팀장이 산출한 홍보수단과 예산을 검토해 보자.

배정된 홍보 예산은 3,000만 원.

김 팀장은 페이드 미디어에 1,750만 원을 배정하고 온드 미디어에 970만 원을 배정했고, 언드 미디어는 비예산으로 잡아 합계 2,720만 원, 부가세 포함 총계 2,992만 원을 편성했다.

배정 예산 3,000만 원에 근접한 규모다.

우선 페이드 미디어를 보자.

GDN 광고는 검색자의 관심 사항과 지역, 연령 등을 타깃팅 할 수 있다는 장점이 있어 근래 들어 많이 쓰이는 수단이다.

여기에 300만 원을 편성했고 상대적으로 10대 학생층의 사용이 적은 페이스북에는 200만 원을 넣었다.

청소년들의 활용이 많은 유튜브와 인스타그램에도 각각 300만 원씩을 배정했다.

모두 언론 수용자 조사를 토대로 근거를 삼았다.

SNS로 사전 참여를 신청한 300명에게는 5,000원짜리 모바일 음료 상품권을 주기로 했다.

또 행사 소식을 자신의 SNS에 미리 포스팅해 콘텐츠를 확산시키는 서포터즈 10명에게는 원고료로 총 300만 원을 지급하겠다고 계획했다.

온드 미디어 즉, 자신이 보유하고 있는 미디어인 시청 홈페이지와 SNS채널, 기관 소식지는 기존 채널에 콘텐츠만 추가하면 되니 비예산 사업이다.

다만, 현수막와 포스터, 브로슈어, 안내장 등은 온드 미디어이긴 해도 별도로 제작비가 들기 때문에 예산을 잡았다.

현수막은 50매를 제작해 업체에게 부착까지 맡길 계획이고 포스터 역시 업체가 각급 학교와 행정기관, 학원 등으로 발송토록 했다. 안내장도 마찬가지다.

언드 미디어의 경우 언론보도와 전화 안내, 학교 및 학원 방문은 직원들의 노력으로 이뤄질 홍보활동이니 모두 비예산이다.

예산이 들어가는 사업은 시가 직접 집행하거나 특정 업체를 통해 발주를 할 수 있다.

시가 직접 집행할 경우 원고료에 해당하는 서포터즈 활동비는 부가세가 붙지 않으므로 예산이 다소 줄어든다.

김 팀장은 이런 식으로 트리플 미디어를 통한 매체 분류와 홍보방법 등을 숙지하고 나서는 홍보계획 수립과 수단 선정, 예산 편성 등에 있어서 전문가가 됐다.

어떤 행사, 어떤 정책에 대해서도 업무만 분석되면 모든 것이 척척이었다.

그래서 시청 내에서 김 팀장의 인기는 날로 높아졌다.

"팀장님! 우리 행사 예산 좀 짜주세요~"

"김 팀장! 이거 우리 이번 프로젝트 어떻게 홍보해야 해?"

사업부서들은 홍보와 관련된 모든 사항을 김 팀장과 상의하기 시작
했다.

자, 계속해서 여타 사업들의 홍보전략 수립 예시를 살펴보자.

(2) 자원봉사자 육성 정책

행사명	자원봉사자 육성 정책
일시	연중
장소	지역 전역
주최/주관	○○지자체
내용	연간 50시간 이상 우수 자원봉사자 500명 이상 육성 목표, 자원봉사자 선발 및 교육, 자원봉사자 대회 개최, 봉사 프로그램 개발, 수혜자 연결, 복장 및 필요물품 지원, 증명서 발급, 긍지고취 방안 실행
예산(홍보비)	5억 원(2,000만 원)
참석 예상 대상과 인원	신규 선발 500명, 기존 우수자원봉사자 2,000명, 자원봉사자 대회 참여 3,000명 목표
기대효과	지역 내 자원봉사 문화를 정착하고 연간 100시간 이상 우수 자원봉사자를 확대.

이번엔 지자체가 시행하는 자원봉사자 육성 정책이다.

이 사업은 연중 시행되는 사업이며 연간 50시간 이상 우수 자원봉
사자 500명 이상 육성, 자원봉사자 대회 개최, 자원봉사자 교육 등의

프로그램으로 짜여 있다.

사업비는 5억 원이지만 경상경비와 활동 지원 등에 대부분이 쓰이고 홍보비는 단 2,000만 원뿐이다.

앞서 예를 든 입시박람회는 단기간 행사에 3,000만 원의 홍보비를 썼지만 이번에는 연중 사업이면서도 사업비가 적은 경우다.

사실 공공기관의 연중 사업에 편성된 홍보비는 이렇듯 미미한 경우가 많다.

실무자로서는 난감할 수밖에 없다.

그래도 홍보는 진행해야 하니 방법을 강구해 보자.

이 사업의 1차 고객은 '우수 자원봉사가 되고 싶은 시민'과 '자원봉사 제도에 대해 모르지만 알게 되면 지원할 사람' 등으로 구분해야 한다.

자원봉사 희망자도 고객이고 자원봉사에 대해 잘 모르지만 정보를 제공하면 이를 이해한 뒤 지원할 가능성이 있는 사람도 고객이다.

그러니까 1차 고객 확보를 위해서는 지원할 수 있는 사람과 지원하도록 마음을 먹을 수 사람을 찾아내야 한다.

후자는 자원봉사에 대한 정보가 부족하니 정보를 제공해 지원을 이끌어 내야 하는 것이다.

1차 고객에 대한 홍보 목표 단계는 '일체화(I)'이다.

'경제적 대가도 없이 명예와 긍지, 봉사를 소중히 여기는 사람들'이라는 범주를 만들고 기존 자원봉사자들과 수혜자, 지원 대상자들을 일체화시키는 것이다.

이에 따라 메인 카피는 '우리가 되는 순간, 자원봉사입니다.'라고 정하다.

1차 고객에게 도달할 매체는 예산상의 문제로 최소화해야 한다,

예산이 2,000만 원이니 페이드 미디어에서는 지원자 모집을 위한 GDN광고 월 30만 원과 페이스북 광고 월 30만 원을 책정하고 현수막, 포스터, 사례집 발간, 온라인 명예의 전당 운영 등에 나머지 예산을 분배하도록 한다.

사례집은 온·오프라인 용으로 제작하되 최대한 많은 사람이 볼 수 있도록 페이지 수를 최소화하고 부수를 늘리는 것이 바람직하다.

또 온라인 명예의 전당은 우수 자원봉사자들의 사례를 명예의 전당 식으로 소개하고 이들에게 훈장 형식의 액세서리를 수여하는 방식이다.

2차 고객은 1차 고객들에게 직간접적 영향을 미칠 수 있는 기존 자원봉사자들과 자원봉사 수혜 시설 종사자들이다.

2차 고객에 대한 홍보 목표 단계 역시 '일체화(I)'으로 하겠다.

자원봉사 특성상 이윤이나 특혜를 바라는 경우는 드물기 때문에 이들 2차 고객들 역시 자원봉사 활동과 자신을 일체화시키도록 하고, 이런 감정을 1차 고객들에게 전파하도록 위함이다.

이들 2차 고객은 신규 자원봉사자 육성에도 지대한 영향을 미칠 수 있는 집단이다.

자원봉사에 대하 명예와 긍지를 가지고 있는 2차 고객들이 자신의 지인들과 이웃들에게 바이럴 홍보를 하고 신규 자원봉사자 지원을 늘릴 수 있도록 활용해야 한다.

이들이 자원봉사의 소중함과 보람을 느끼고 그 감정을 주변에 전파

하도록 하기 위해서는 자원봉사 정책과 일체화가 돼야 한다.

자원봉사자 명예의 전당과 우수 사례집은 이들과 일체화를 도모하기 위한 수단이다.

3차 고객은 역시 이 정책을 지원해 줄 의회와 예산담당기관 및 유관기관이다.

이들에 대한 홍보 목표 단계도 '일체화(I)'로 한다.

명분이 있는 사업일수록 일체와 목표 단계를 설정하는 게 보다 호소력이 있다.

홍보 예산이 부족하지만 반드시 목표를 설정해야 하는 경우에는 모든 고객 집단에 걸쳐 실무자들과 관계자들이 발품을 파는 언드 미디어 활동을 늘려야 한다.

고객별 카피와 미디어 홍보

구분	1차 고객	2차 고객	3차 고객
목표 단계	일체화(I)	일체화(I)	일체화(I)
메인 카피	'우리가 되는 순간, 자원봉사입니다.'		
페이드 미디어	GDN 광고, 페이스북 광고		
온드 미디어	자체 홈페이지 및 SNS, 기관 소식지, 현수막, 포스터, 우수사례집, 명예의 전당 운영		
언드 미디어	주민 공간 찾아가는 설명회. 언론보도	자원봉사 수혜 기관 및 기존 자원봉사자들 설명회	사업계획 및 성과 분석 자료 제공
	언론보도, 온라인 지역 커뮤니티 공략		

자원봉사 육성 정책 홍보수단 및 예산안

구분		산출내역	예산(원)
페이드	GDN 광고	10개월×300,000원	3,000,000
	페이스북 광고	10개월×300,000원	3,000,000
소계			6,000,000
온드	기관 홈페이지		비예산
	기관 SNS	온라인 명예의 전당	비예산
	기관 소식지		비예산
	현수막	30매(부착포함)	1,500,000
	포스터	300매(발송포함)	1,200,000
	사례집	20p×10,000부	9,000,000
소계			11,700,000
언드	언론보도		비예산
	전화 안내		비예산
	찾아가는 설명회		비예산
	지역 온라인 커뮤니티 공략		비예산
소계			비예산
합계			17,700,000
부가세			1,770,000
총계			19,470,000

(3) 농어촌 마을 언택트 관광 활성화 대책

정책명	농어촌 마을 언택트 관광 활성화 정책
시행기간	2월 1일~11월30일
주최/주관	○○공공기관(정부기관 혹은 지자체 등)
대상	기관이 선정한 농어촌마을 100곳
내용	기관이 선정한 농어촌마을의 관광 활성화를 위해 언택트 관광인프라 확충을 지원하고, 마을 관광지 운영 노하우를 전수함. 또 이들 마을에 대한 홍보를 강화해 실제 관광객 유입을 도모
예산(홍보비)	110억 원(5억 원)
기대효과	농어촌 마을을 가족들만 안심하고 쉴 수 있는 코로나 시대 언택트 관광지로 육성. 농어촌 소득 증대 및 도시인들에게 새롭고 안전한 휴양 관광지 제공

농어촌 마을을 코로나 언택트 관광지로 육성하겠다는 사업이다.

국민들에게는 가족끼리만 있을 수 있는 언택트 관광지를 제공하고 농어촌에는 수입원을 창출시켜 주겠다는 의도의 사업이다.

이에 따라 기관이 선정한 농어촌 마을 100곳에 총 110억 원을 투자해 언택트 관광 인프라를 조성하고 5억 원의 홍보비를 들여 대대적 마케팅에 나서겠다는 계획이다.

이 사업의 1차 고객은 대도시 거주 30~40대 가정주부와 가장으로 한다.

이들은 인구 밀집 지역에 거주하며 홍보 노출 효과가 비교적 안정적이고 대부분 어린 자녀를 두고 있기 때문에 체험형 관광에 관심이 많다.

1차 고객에 대한 홍보 단계 목표는 실독(P)으로 한다.

아이들과 함께 농어촌 언택트 관광에 참여하라는 설득이다.

5억 원의 홍보비가 책정돼 있기 때문에 홍보활동의 범위도 넓힐 수 있다.

이럴 경우에는 페이드 미디어에서 TV캠페인 광고를 할 수도 있고 라디오 CF도 송출이 가능하다.

또 주요 지하철역 광고도 집행하고 버스래핑 광고, 포털광고, 구글 GDN 광고, 페이스북 광고, 유튜브 광고, 포스터, 브로슈어 제작 비치, SNS 홍보 경품이벤트, 서포터즈 활동 지원 등도 할 수 있다.

또 대도시를 찾아 농어촌 관광 사진 특별 전시회를 벌이는 것도 가능하고, SNS 체험단을 운영하는 것도 좋은 방법이다.

이런 규모의 사업에는 기관이 보유한 홈페이지와 SNS채널과는 별도로 온라인 채널을 구축하는 것이 좋다.

1차 고객에 대한 메인 카피는 '언택트 시대! 농어촌이 답입니다!'로 한다.

2차 고객은 1차 고객들에게 영향을 줄 수 있는 50~70대 중장년층과 각급 직장의 총무 인사팀, 유치원 및 각급 학교 관계자 등으로 한다.

이들에 대한 홍보 목표 단계도 설득(P)으로 한다.

직원들과 아이들, 학생들, 학부모들에게 농어촌 언택트 관광을 널리 확산시켜 달라는 설득이다.

특히 직장의 총무 인사팀과 유치원, 각급 학교에는 농어촌 언택트 관광에 대한 자료와 포스터를 발송해 부착을 유도하는 것이 좋다.

대기업이나 기관의 경우 담당자에게는 직접 전화를 걸거나 방문을 시도하는 것도 바람직하다.

3차 고객은 역시 정책을 지원해 줄 의회와 예산담당기관 및 유관기간이다.

이들에 대한 홍보 목표 단계는 일체화(I)로 정한다.

지속적인 지원과 예산편성을 이끌어 내기 위해 농어촌 언택트 관광과 3차 고객들을 일체화시키는 것이다.

이들에 대한 메인 카피는 "언택트 시대, 농어촌이 답이라는 걸 실현해 주셨습니다"이다.

이들에게는 언드 미디어 방식인 직접 설명과 정책성과 제공 등의 홍보활동을 벌인다.

고객별 카피와 미디어 홍보

구분	1차 고객	2차 고객	3차 고객
목표 단계	설득(P)	설득(P)	일체화(I)
메인 카피	언택트 시대! 농어촌이 답입니다.	경험하세요! 자랑하세요! 농어촌 언택트 관광!	언택트 시대, 농어촌이 답이라는 걸 실현해 주셨습니다.
페이드 미디어	TV 광고, 라디오 광고, 지하철역 광고, 버스래핑 광고, 포털 광고, 구글 GDN 광고, 페이스북 광고, 유튜브 광고, 인스타그램 광고, SNS 홍보 경품, 서포터즈 활동 지원, SNS 체험단		
온드 미디어	기관 홈페이지 및 SNS, 기관 소식지, 별도 홈페이지 및 SNS채널 구축 운영, 포스터, 브로슈어 제작 비치, 사진 전시회		
언드 미디어	언론보도, 커뮤니티 홍보	언론보도, 방문 설명, 전화·문자 설명	언론보도, 행사 계획 및 성과 홍보

공공기관 홍보실무론

농어촌 마을 언택트 관광 홍보수단 및 예산안

구분		산출내역	예산(원)
페이드	TV 광고	지상파, 케이블	100,000,000
	라디오 광고	3개사 믹스	30,000,000
	지하철역 광고	주요역사 시설	30,000,000
	버스래핑 광고	대도시 지역	30,000,000
	포털 광고	롤링 배너 등 선택	50,000,000
	GDN 광고	10개월	10,000,000
	페이스북 광고	10개월	10,000,000
	유튜브 광고	10개월	10,000,000
	인스타 광고	10개월	10,000,000
	SNS 홍보경품	모바일 상품권	5,000,000
	서포터즈 지원	20명	6,000,000
	SNS 체험단	10명	5,000,000
	모니터 광고		15,000,000
소계			311,000,000
온드	기관 자체 채널	홈페이지, SNS 등	비예산
	사업 홈페이지	별도 구축 운영	10,000,000
	사업 SNS채널	블로그, 페이스북,유튜브, 인스타그램	80,000,000
	포스터	1,000매	1,000,000
	브로슈어	4p×3,000부	6,000,000
	사진전	주요 역사 등 4회	40,000,000
소계			137,000,000
언드	언론보도		비예산
	커뮤니티 공략		비예산
소계			비예산
합계			448,000,000
부가세			44,800,000
총계			492,800,000

홍보예산 5억 원이 배정된 농어촌 마을 언택트 관광 사업의 산출내역이다.

이 정도 홍보예산이면 공공기관에서는 많은 홍보비가 들어가는 사업이다.

페이드 미디어부터 살펴보자.

먼저 TV 광고를 보면 지상파 3개사와 케이블에 1억 원을 편성했다.

지상파의 경우 광고를 집행하는 형태가 2가지다.

일반 광고의 경우에는 한국방송광고진흥공사를 통해 광고를 의뢰하면 공사가 이를 방송사 측에 배분한다.

공사 수수료와 대행사 수수료 등이 발생한다.

일반 광고 외에 캠페인 광고라는 것이 있는데 이 경우에는 광고주가 방송국과 직접 광고 시간을 정하고 비용도 곧바로 방송사에 지불한다.

캠페인 광고의 경우 공익성과 공공성 등이 수반돼야 하는데 농어촌 관광과 같은 공공기관 사업의 경우 캠페인 광고 성격과 잘 맞는다.

케이블 광고의 경우 케이블을 가지고 있는 회사들이 자신들의 케이블을 사용하는 방송에 임의적으로 광고를 내보내는 방식이 있고, 개별 케이블 방송국에 의뢰해 광고를 내보내는 방법이 있다.

광고 시간과 횟수 등을 자세하게 따져 광고의 성격과 노출 고객 등을 결정해야 한다.

라디오 광고 역시 지상파 TV 광고와 같은 흐름으로 보면 된다.

한국방송광고진흥공사를 통하거나 개별 방송국과 캠페인 광고를 진행하는 등의 방식이다.

라디오 광고의 경우 주된 타깃이 누구냐에 따라 주된 청취층과 시간대를 감안해야 한다.

지하철역 광고와 버스래핑 광고는 광고대행사가 제시하는 노출 빈도 등을 자세히 살펴본 뒤에 집행한다.

다양한 형태의 광고가 다양한 형식으로 판매되고 있다.

모니터 광고는 아파트 엘리베이터와 편의점, 대형마트 등에 설치된 광고 전용 모니터를 말한다.

상품과 가격에 따라 노출빈도에 차이가 있으니 이를 살펴봐야 한다.

온라인 광고의 경우 예산안에 기재한 항목 외에도 카카오톡 광고 등도 검토할 수 있다.

SNS 체험단은 요즘 지자체들이 흔하게 벌이고 있는 '○○에서 한 달 살아보기' 등의 프로그램을 말한다.

농어촌 관광을 체험하도록 주선하고 체험자들이 이를 자신의 SNS 채널에 게재해 콘텐츠를 확산시키는 홍보방법이다.

이들에게는 소정의 원고료를 지급하거나 체험비용을 지원하면 된다.

이제 온드 미디어를 살펴보자.

이 사업의 총 예산은 110억 원이고 그중 홍보비가 5억 원이다.

또다시 언급하지만 토목과 건설이 아닌 분야에서 이 정도 규모면 대형사업이라고 할 수 있다.

따라서 홍보의 영역도 기관이 기존에 운영하던 채널에 얹어 가는 것이 아니라 독자적인 영역을 구축해야 한다.

따라서 온드 미디어에서는 별도의 홈페이지를 통해 홍보를 하고 농어촌 관광 신청도 받는 시스템을 만들어 두는 것이 맞다.

SNS채널도 별도의 블로그와 페이스북, 유튜브, 인스타그램 등을 구축해 운영하는 것이 좋다.

온라인뿐만 아니라 오프라인에서 농어촌 관광 사진전을 대도시를 순회하며 개최하면 언론 홍보도 할 수 있고, 대도시의 다중 이용시설을 활용한 마케팅도 가능하다.

이렇듯 대형 사업의 홍보는 가용한 모든 수단을 리스트업한 뒤에 적절한 방법을 선정하는 것이 바람직하다.

다만, 너무 많은 수단을 선정하면 선택과 집중이 안 될 수 있으므로 과다한 매체 확장은 지양해야 한다.

공공기관 홍보실무론

2

실질적 홍보시스템 구축

김 팀장 묘안을 내다

(1) 홍보 시스템 효율화를 위한 모델 제안

■ '성공 News box' 운영 방안

　김 팀장이 홍보 분야에서 인정받기는 했지만 그렇다고 모든 직원들의 홍보 마인드가 바뀐 것은 아니다.

　사업부서에서 홍보에 대한 상의하고 도움을 요청하는 경우는 늘었어도 부서들이 자발적으로 나서서 자신들의 일을 알리려고 하는 경우는 예나 지금이나 드물다.

　그래서 김 팀장은 "아예 시스템을 만들면 어떨까?"라는 고민을 하기 시작했다.

　김 팀장이 실국별 업무보고를 보고 실무 부서에 자료 요청을 해도 단박에 자료를 건네기보다는 "그 사업, 지금 홍보할 필요 없는데요", "그걸 왜 홍보하려고 해요?"라는 반응이 지배적이다.

　사업부서 실무자들은 "일도 바쁜데 무슨 홍보까지 해야 하나?"라는 태도를 보이기 일쑤였다.

그래서 김 팀장은 고안했다.

내부망에 '홍보 아이템' 섹션을 만들어 홍보팀이 도출한 아이템을 올리면 실무부서가 이에 응답하는 시스템이다.

공공기관의 경우, 홍보에 집중할 수 있는 강제력 있는 시스템이 필요하다.

특히 최고 관리자급이 홍보를 직접 챙기고 있다는 점을 모든 구성원에게 각인시켜 적극적인 홍보 마인드를 함양해야 한다.

이 모델은 반드시 책임자급의 직접 지시가 있어야 한다.

내부통신망에 게재된 자료 협조 요청에 해당 부서는 반드시 피드백 답변을 올려야 한다.

"14일까지 자료 드리겠습니다", "그 사안은 아직 결과가 나오지 않았습니다", "홍보 시기를 미루잡니다" 등등의 답변이다.

월별로 게재된 홍보 아이템에 대한 피드백 여부와 홍보결과물은 최고 관리자가 직접 정기적으로 챙겨야 한다.

이 같은 결과를 토대로 홍보 우수부서를 선정해 포상하는 제도도 검토해야 한다.

특히 성공적인 홍보를 위해서는 사업별로 성공사례를 파악해서 이를 언론과 SNS 등에 적극 알려야 하는데, 현재 업무 시스템으로는 즉각적인 파악이 어렵다.

사업계획에 대한 홍보도 중요하지만 각 단위 사업별로 이뤄진 성과와 성공 사례는 기관을 홍보하는 주요 아이템이라고 할 수 있다.

각 단위 사업들이 많은 성과를 내고 성공사례도 이어지고 있지만 홍보 파트에서 이를 파악해 대내외에 알리는 시스템이 미약하다.

따라서 내부 통신망이나 업무 협조 시스템을 통해 각 사업별 성공 사례를 취합하는 '성공 News box'를 운영하는 것이 필요하다.

성공 News box는 각 실무부서들이 정책 성공 사례를 온라인 혹은 오프라인을 통해 실시간으로 홍보파트에 제출하고 홍보파트는 이를 검토해 홍보아이템으로 가공해 릴리즈 하는 형태이다.

이 같은 성공 News box는 내부 구성원 누구라도 실시간 체크할 수 있어야 부서들의 적극적인 참여를 이끌어 낼 수 있다.

성공 News box를 연중 상시 운영하다 보면 뉴스 아이템의 증가와 성공사례의 공유 등의 효과를 거둘 수 있다.

성공 News box는 단순히 보여주기식 업무가 아니라 실무부서 사업 추진의 한 과정으로 연중 필수적으로 운영돼야 한다.

실무자들이 담당 업무를 추진하며 도출된 성공사례와 성과는 반드시 성공 News box에 보내야 한다는 업무의 한 축으로 인식해야 한다.

이 같은 시스템이 일상화된다면 기관은 무수한 성공사례들을 수집, 보관하게 되며 이는 고스란히 상시 활용 가능한 홍보 아이템들이 될 수도 있다.

연중 비축된 성공사례와 성과들은 연말 별도 책자나 인터넷 콘텐츠로 가공해 홍보할 수도 있다.

공공기관의 사업은 매우 다양하고 독특한 것이 많아서 충분한 성공 콘텐츠 수집이 가능하다.

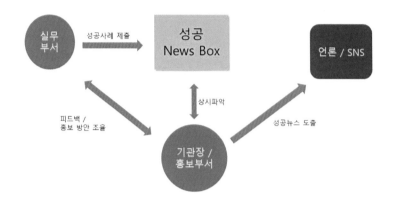

성공 News Box 운영체계

(2) 3단계 홍보

모든 홍보는 일회성이 없다.

한 번 알리고 마는 홍보는 없다는 얘기다.

그런데 공공기관 사업부서 실무자들은 간혹 홍보를 위한 자료를 요청하는 홍보담당자에게 "그거 아직 계획만 수립된 거예요", "아직 진행 중입니다"라며 홍보불가 의사를 밝히는 경우가 많다.

이는 홍보를 '사업의 모든 단계가 완성된 다음에 하는 것'이라고 생각하는 잘못된 인식 때문이다.

앞 장에서 홍보라는 것은 널리 알리는 것(弘報), 혹은 그보다 넓은 범위에서 대중과 관계하는 것(Public relations)인데 일회성으로는 도저히 이런 정의가 성립될 수 없다.

언론 홍보가 됐든, SNS 홍보가 됐든, 모든 홍보는 기본적으로 3단계에 걸쳐 이뤄져야 한다.

```
1단계 사업계획 홍보
2단계 사업진행 홍보
3단계 사업성과 홍보
```

공공기관에서 반려동물 관련 기업을 육성하고 지원하는 프로그램을 진행한다고 가정해 보자.

반려동물 관련 기업들의 유망 아이템을 선발해 이들에게 디자인과 시제품 제작, 판로개척, 홍보물 제작 등을 지원하고 최종적으로 시장에 론칭시키는 정책이다.

이 사업의 경우 1단계 홍보로 '반려동물 산업 육성 나선다'라는 주제로 사업계획을 홍보해야 한다.

그래야만 관련 업체들이 소식을 보고 지원을 할 것이며 주변 사람들이 정보를 전달할 수도 있다.

"사업계획만 수립된 상태인데 무슨 홍보를 해요?"라며 소극적인 태도를 보이는 건 사업실무자로서 올바른 태도가 아니다.

그다음 2단계로는 "반려동물 관련 기업, 유망 아이템으로 시장 석권 노린다"라는 홍보가 가능하다.

사업진행과정을 홍보하는 것인데, 어떤 기업들이 어떤 아이템으로 지원정책에 참여하고 있는지, 또 이들에게는 어떤 도움이 제공되는지를 상세히 소개하는 것이다.

이런 사업과정 홍보는 사업의 취지를 다시 한번 상기시킬 수 있고 사업의 브랜드를 각인시키는 데도 큰 도움이 된다.

또 해당 기업들의 제품이 시장에 론칭됐을 때도 소비자들이 검색이나 기억을 통해 제품의 장점을 상기할 수 있는 근거가 되기도 한다.

3단계 홍보는 당연히 사업성과에 대한 정보 확산이다.

이 사업을 통해 시장 론칭에 성공한 기업들의 스토리와 제품에 대한 설명을 소상히 제공하는 것이다.

언론보도자료, 방송뉴스, SNS 등 가용한 모든 수단을 동원해 기업과 제품을 홍보하면 사업의 성과는 더욱 배가되기 마련이다.

이렇듯 공공기관 사업의 홍보는 적어도 3단계 이상 미디어 공개를 해야만 명분과 실적을 담보해 낼 수 있다.

특히 요즘은 한 번 나간 뉴스들이 포털에 그대로 남아 있기 때문에 다소 시기가 지나더라도 검색을 통해 정보를 접할 수 있다.

그런 면에서 보면 3단계 이상 홍보를 하는 것은 공공기관 실무자들의 성과를 포털에 차곡차곡 쌓아 놓는 기능을 한다.

대규모 토목·건설사업의 경우 3단계 이상의 홍보가 가능하다.

철도나 도로망 구축 사업의 경우 계획단계에서부터 설계, 인허가, 예산확보, 실시설계, 착공예정일, 실제착공, 공정, 완공 등의 모든 과정이 주요한 홍보아이템이다.

또 자연휴양림이나 공원 조성 등도 각 행정 절차별로 단계적 홍보가 가능하니 3단계가 아니라 30단계 홍보도 가능하다고 할 수 있다.

다소 번거롭고 귀찮기는 하겠지만 홍보실무자와 사업부서 실무자들은 이 같은 3단계 홍보론을 반드시 철칙처럼 지켜야 한다.

그래야만 자신들이 하는 사업이 대중적 신뢰와 명분을 얻을 수 있고, 자신들이 속한 공공기관에 대한 브랜드 인지도가 상승된다.

IMC 성공의 전제조건

(1) 카피(Copy)

> 선전메시지의 기본 요소는 반복, 단순화, 이미지 만들기, 감정자극 등 4
> 가지라고 할 수 있다.
>
> -유일상, 『선전과 여론설득』, p.40, 도서출판아침, 2001

몇 년 전 무더운 여름날 길을 걷다가 우연히 기발한 카피 하나를
발견하곤 씨익 미소를 지은 적이 있다.

날이 너무 더우니까 어서 커피숍으로 들어오라는 재치 있는 문구였다.

어려운 말이 하나도 없는 단순한 카피.

사장님이 뚱뚱해서 아르바이트생은 냉방병이 걸릴 정도로 에어컨 잘 틀어 놨으니 어서 오시라는 의미였다.

이 카피는 우선 단순화에 성공했다.

또 '뚱뚱'과 '빵빵'이 반복적 어감을 가지고 있으니 반복적으로 사용되기에도 손색이 없다.

"사장님 뚱뚱! 에어콘 빵빵!"

이런 반복이 가능한 카피이다.

이 카피를 보면 뚱뚱한 사장님과 냉방병 걸린 아르바이트생의 이미지도 잘 그려지고 익살스럽고 재치 있음에 감정도 자극된다.

이 글을 쓴 사람이 좋은 카피의 원칙을 알고 있었을는지는 몰라도 정말 좋은 카피임에는 틀림없다.

홍보에 성공하기 위해서는 반드시 이 같은 좋은 카피가 우선돼야 한다.

그런데 대부분의 사람들, 특히 공공기관 홍보실무자들은 좋은 카피에 대해 많은 고민을 할 시간도 없고, 고민을 할 환경도 안 된다.

그 이유로는 공공기관의 관료성으로 인해 파격적 카피의 도입이 어렵다는 것과 행정용어가 딱딱하고 건조해서 좋은 카피로 전환하기가 어렵다는 것 등을 들 수 있다.

공공기관에서 좋은 카피가 나오지 말라는 법은 없고, 딱딱한 행정용어를 좋은 카피로 바꾸었다고 죄가 되는 것도 아닌데 말이다.

"카피 뽑는 건 전문가들이나 하는 거야."

"내가 그걸 어떻게 해? 카피 잘못 뽑았다가 야단맞을 텐데."

"공공기관에서 무슨 참신한 카피? 그냥 하면 되지."

하지만 조금만 신경을 쓰고 연습을 하다 보면 공공기관도 좋은 카피를 뽑고 사용할 수 있다.

우선 필자는 좋은 카피를 "이게 뭐야?"에 대한 답이라고 정의한다.

바쁜 현대인들은 장황하고 긴 설명을 싫어한다.

특히 각종 정보가 홍수를 이루고 있는 현대 사회에서는 밋밋한 제목들은 대중의 선택을 받지 못한다.

그래서 내가 파는 물건, 내가 실행하는 정책과 행사들에 대해 "이게 뭐다!"라고 단순하게 규정짓는 함축적 표현이 필요한 것이고, 그것이 좋은 카피다.

다음은 필자가 정리한 좋은 카피의 조건이다.

좋은 카피와 광고문장의 원칙		
필수	1.이해력	카피라이터는 제품과 고객을 명확하게 이해해야 한다. "귀부인에게 구두를 판다고 생각해서는 안 된다.아름다운 발을 팔아야 한다."
	2.기억/연상	자꾸 떠올리게 하라 "영어가 안될 땐 시원스쿨~" "공무원 시험 합격은 에듀윌""간 때문이야~~간 때문이야~"
	3.구체적	아주 구체적으로 "화장실을 깨끗이 사용합시다." vs "반 발짝만 앞으로 오세요." "미성년자 출입 금지" vs "민증 깐다. 영업정지 당해봤어."
선택	4.이색조합	조합을 이뤄봐라"휴대용 선생님" "휴대용 영화관" "착한 반대" "살인의 추억" "거북이 달린다."
	5.공식 창조	공식화 된 카피로 기억"공부보다 중요한 것을 공부합니다." "밥 보다 더 맛있는 밥" "집중에 집중하다.""당신의 생각을 생각합니다."
	6.근거	믿을 수 있는 근거 "대통령상 수상" "300만 고객 돌파" "맛집 선정" "식약처 인증"
도전	7.추상	추상 "삼성이 만들면 다릅니다." "쏘나타를 하이브리드 하다"
	8.티저	흥미나 궁금증 유발 "난닝구 닷컴" "남자한테 참 좋은데~" "선영아 사랑해~"

이 정리를 보면 가장 우선적으로 카피라이터는 제품에 대한 이해가 완벽해야 한다.

공공기관의 경우 정책과 행사를 완벽하게 이해하고 있어야 한다는 얘기다.

그다음으로 기억과 연상이 가능한 용어들을 조합해 자꾸 떠올리게 하는 것이 필요하다.

또 아주 구체적으로 메시지를 주는 것도 성공 카피의 조건이다.

이 밖에도 이색조합과 공식창조, 근거 등을 카피 선정에 선택할 수도 있고, 좀 더 도전적으로 추상과 궁금증 유발 등의 기법도 사용할 수 있다.

이와 함께 문장 및 단어 구성에 있어서는 조사와 접두사, 접미사 등을 버릴 수 있으면 과감하게 버려야 한다.

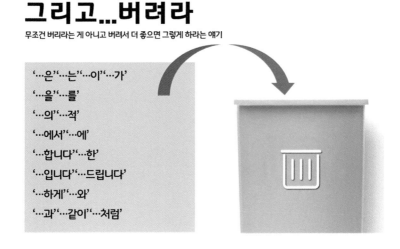

그리고...버려라

무조건 버리라는 게 아니고 버려서 더 좋으면 그렇게 하라는 얘기

'…은'…는'…이'…가'
'…을'…를'
'…의'…적'
'…에서'…에'
'…합니다'…한'
'…입니다'…드립니다'
'…하게'…와'
'…과'…같이'…처럼'

이렇게 되면 군더더기 없는 단어와 문장이 되고 카피로 완성됐을 때 간결하고 입에 착착 붙는 발음감까지 갖추게 된다.

자, 그럼 공공기관 정책을 예로 들어 카피를 만들어보도록 하겠다.

지금 소개하는 정책들에 대한 카피는 실제 필자가 의뢰기관들에 납품했던 것들이다.

빗물 활용 사업 개요

사업명	빗물 활용 사업
취지	**도시** 전역 공공화장실과 공공시설들에서 청소 및 변기용, 화단관리용 등으로 사용되는 물(水)은 **상수도**임. 이런 용도의 물을 모두 **빗물로 대체**하면 수도요금 절감 효과를 볼 수 있음.
사업내용	도시 주요 공공시설 및 주요 지점에 **빗물 저장소**를 만들어 청소 및 변기용으로 활용 소규모 시설의 경우 기성품 물탱크 추가 설치 시청과 구청, 종합운동장 등 대형시설의 경우, 별도 저장소 추가 공사
사업 대상	시내 공공시설 및 주요 지점 **100개소**. 빗물 저장소 설치 및 관로 연결
예산	**30억**
기대효과	연간 **10억 원** 수도요금 **절감** **물 부족 국가**라는 현실에서 수자원 절감 어린이와 청소년들에게 물의 소중함을 알리는 **교육**현장으로 활용

이런 사업계획이 나오면 실무자들은 문서를 꼼꼼하게 살펴봐야 한다.

이 사업 홍보에 어떤 카피를 쓸 것인가는 사업계획 문서에 모두 담겨 있기 때문이다.

우선 사업계획을 보고 핵심 키워드들을 뽑아낸다.

공공기관 홍보실무론

빗물 활용 사업의 핵심 키워드들은 표에서 밑줄을 그어 표시한 단어들이다.

도시, 상수도, 빗물로 대체, 빗물 저장소, 100개소, 30억, 10억 원 절감,

물 부족 국가, 교육

자, 이 단어들만 봐도 이 사업의 핵심을 알 수 있다.

"상수도가 사용되는 공중화장실과 공공시설의 청소 및 변기, 화단 관리용 물을 빗물로 대체하기 위해 30억 원을 들여 빗물 저장소 100개를 만들면 연간 10억 원이 절감된다. 우린 물 부족 국가이고 이 사업은 교육적으로도 가치 있다."

도시 전역의 공중화장실과 공공청사에 빗물을 도입하겠다는 프로젝트다.

이 사업의 메인 카피는 '도시'와 '빗물'을 조합한 '레인시티(Rain city)'다.

도시 주요 시설에 빗물 사용을 도입하겠다는 함축적 의미를 담았다.

그다음 서브 카피로는 '빗물로 상수도 대체'와 '저장소 100개', '연간 10억 원 절감', '물 부족 산교육 활용' 등을 채택했다.

도심 전역 '레인시티(Rain city)' 추진

빗물로 상수도 대체
저장소 100개
연간 10억 원 절감
물 부족 산교육 활용

도시와 빗물을 영어로 바꾸었을 뿐 나머지는 사업계획 자체에 나온 용어들을 조합한 것들이다.

메인 카피의 경우 각인 효과를 위해 변형할 필요는 있으나 서브 카피들은 사업계획에 나온 용어들을 간결하게 조합하기만 해도 쉽고 기억하기 쉽다.

간결함을 위해 가급적 '은', '는', '이', '가', '을', '를', '으로' 등의 군더더기들을 제거했다.

이 같은 레인시티 카피는 해당 지자체의 공공시설과 공중화장실을 가면 아직도 부착돼 있다.

이런 카피 도출은 해당 사업부서 실무자 혹은 홍보부서 실무자 등도 노력하고 연습한다면 충분히 가능하다.

사업계획을 꼼꼼히 살펴 완벽하게 이해하고, 사업계획에 명시된 주요 용어들을 선정하고, 그 용어들을 대체할 수 있는 상징적 표현을 고민하면 메인 카피가 되는 것이다.

상징적 메인 카피는 1개면 되니까 서브 카피는 사업계획에 나온 용어들을 간결하게 정리, 조합하면 된다.

공공기관의 또 다른 카피 도출 예시를 살펴보자.

사업명	이(異)업종기업 교류 및 협업 지원
취지	**서로 다른 업종**의 기업들이 **기술교류**를 하고 **협업**을 통해 **새로운 제품**을 개발하도록 지원
사업내용	서로 다른 업종끼리 서로의 필요한 부분을 기술교류하고 협업해 새로운 시제품을 만들어 내고 시장에 론칭시키도록 지원
사업 대상	중소기업 60개 내외

예산	20억
기대효과	이업종 간 교류를 통해 생각하지도 못했던 전혀 새로운 제품이 나오고 이를 시장에 론칭시켜 **기업경쟁력 강화** 및 **기술혁신** 도모

이 사업의 핵심 키워드들을 뽑아 보자.

표에 밑줄을 그어 표시된 '서로 다른 업종', '기술교류', '협업', '새로운 제품', '기업경쟁력 강화', '기술혁신' 등을 들 수 있다.

서로 다른 업종이 자신들이 보유한 기술을 가지고 교류, 협업을 통해 새로운 제품을 만들어낸다는 것이다.

이걸 필자는 '사돈'의 개념으로 봤다.

각각의 기업이 가진 기술을 '자식'이라고 보고, 이들 기술간 교류를 통해 만들어지는 새로운 제품을 '손주'라고 본다면 이 사업은 사돈을 맺어주는 정책이다.

이런 상상을 하니 메인 카피도 비교적 쉽게 도출됐다.

서브 카피들은 역시 사업계획에 나온 용어들을 간결하게 조합했다.

> **"사돈 기업 일 낸다!"**
>
> 서로 다른 업종 간 기술 교류 협업
> 새로운 제품 만들어 시장에 내놓토록 지원
> 기업경쟁력 강화, 기술혁신 도모

정책에 사돈이라는 개념을 도입하기 위해서는 약간의 상상이 필요하다.

이런 시스템을 어디에 비유할 수 있을까?

그냥 딱딱하게 행정용어 그대로 '이업종기업 교류'라고 표현했으면 호소력이 없었을 것이다.

그걸 사돈이라는 개념에 비유를 하니 각각의 기업들은 사돈으로, 그들이 가진 기술은 자식으로, 거기서 나올 새로운 제품은 손주로 표현할 수 있었던 것이다.

이처럼 딱딱한 행정용어도 찬찬히 살펴보고 "무엇에 비유하면 좋을까?"를 상상해 보는 것도 좋은 카피를 만드는 방법이다.

하지만 이 카피는 실제 사용되지 않았다.

의뢰기관보다 위에 있는 상급 기관 담당자가 "제목이 너무 장난스럽다"며 난색을 표명했기 때문이다.

그 담당자는 그냥 행정용어 그대로 '이업종'이 편하고 무난했던 것이다.

또 상관에게 보고를 하기에도 좀 번거로웠을 것이다.

"그냥 하던 대로 하면 되지, 왜 이런 파격을 하느냐"며 핀잔을 받을 수도 있었으니 말이다.

그래서 공공기관 홍보는 힘이 배(倍)로 든다.

또 다른 공공기관의 행사 카피 도출사례다.

공연과 문화를 담당하는 이 기관은 국악공연을 준비하며 '좀 더 신선하고 좀 더 대중적으로'를 고민했다.

정통 국악공연이야 늘 열리는 것이니, 이번엔 대중에게 다가가 친숙함과 즐거움을 줄 수 있는 국악을 보여주자는 의도였다.

국악은 지루하다는 편견, 국악은 나이 들었다는 편견을 타파해 보자는 참신한 취지였다.

이 기관은 파격적으로 홍보회사에 공연 콘셉트 설정을 맡겼다.

필자는 의뢰기관의 의도에 충실히 부합하기 위해 아래와 같은 카피와 콘셉트를 제안했고 의뢰기관은 이를 받아들였다.

구분	내용
메인카피/서브카피	국악이 바람 난 날!10월 21일 바람난 국악이 옵니다.
고객이 무엇을 얻을 것인가?	국악은 지루하다는 편견, 국악은 재미 없다는 편견, 국악은 늙었다는 편견, 몽땅 없애드립니다. 미니스커트 차림에 신나는 경기민요와 질펀한 트로트 메들리, 가야금으로 듣는 팝송과 아이돌 가요 연주, 비보이·비트박스와 호흡을 맞추는 판소리꾼. 한번도 보지 못한 국악의 신바람을 느껴 보세요. 온 가족이 함께하는 체험 부스도 운영됩니다.
전문성/제품/매장/ 서비스 특성	사실 공연단 모두 좋은 학교, 좋은 선생님 밑에서 국악을 배운 전문가들입니다. (출연자 프로필 게재) 하지만 국악에 대한 편견을 지우기 위해, 국악의 대중화를 위해 이들 전문가들이 큰 맘먹고 하루 바람을 피워 보겠습니다. 탁 트인 00야외공연장에서 바람난 국악과 만나 보세요. (세부 공연계획)
경쟁사 및 시장비교 우월성	가을 공연 많이 열리지만 바람난 국악인들만 하겠어요? 이런 공연 열리는 곳 있으면 저희가 공연을 접겠습니다!
가격의미	무료입니다. 국악대중화를 위해 경기문화재단이 통 크게 준비했습니다.
구매방법	홈페이지, SNS채널 소개, 사전 홍보 브로셔 및 포스터, 현수막 게첨, 언론 기획보도
문의처	전화번호, 이메일, SNS 안내처 소개.
주의사항	우천시도 공연, 오후 1시부터 리허설 공개.

공연의 콘셉트와 메인 카피가 정해졌고 이에 따른 디자인 및 공연자 섭외, 프로그램 운영 등도 그에 맞게 진행됐다.

국악인들도 "국악이 매번 파격을 할 수는 없지만 그래도 한 번쯤은 이런 대중적 어필을 시도하는 것도 좋겠다"며 공연에 참여했다.

콘셉트와 카피가 국악인들의 마음도 변화시킨 것이다.

이 공연은 당초 예정 시간보다 1시간이나 넘어서야 끝날 수 있었다. 관객도, 출연진도 모두 신바람, 국악바람에 시간 가는 줄 몰랐다. 콘셉트와 카피 하나가 이렇게 전체적 흐름을 좌우하는 것이다.

공공기관 홍보실무론

(2) 평이한 스토리텔링

공공기관의 구성원들은 기본적으로 자신들만의 용어에 익숙해 있다.

상관에게 보고하고 결재를 받을 때도 자신들만의 용어를 사용하고, 회의를 할 때도 그렇다.

문서를 만들거나 타 기관과 협의를 할 때도 어김없이 공무원의 용어가 사용된다.

그것이 나쁜 것은 아니다.

어느 직종, 직업이나 자신들만의 용어가 있고 자신들만의 소통 절차가 있는 것이다.

언론사, 법원, 병원, 산업현장 등에도 다들 그런 용어와 절차가 상존한다.

그런데 공공기관의 경우, 정책수요자나 홍보의 대상이 대중이기 때문에 언어나 표현의 괴리가 생길 때가 많다.

모 공공기관의 보도자료를 예로 들어 보자.

중 학 교 2 학 년
수 준 에 맞 게
◎ 딱딱한 자료는 기자들도 보지 않습니다

제목부터
어려운 자료
이렇게 바꾸면…

석면날림 억제 '고형화 기술' 개발
○ ○ ○ 박사 연구팀, 석면날림방지제 시험결과 발표
석면날림 방지제 처리 후 공기 중 석면 농도 1/4로 감소

석면 건축자재로 인한 공기 중 석면날림을 방지하는 고형화 기술이 개발됐다.

○ ○ ○ 연구팀은 '석면 함유 천정재의 안정화 처리 시험 결과'를 14일 발표하고 "철거 이전 단계에서 석면날림을 방지할 수 있는 기술을 개발했다"고 밝혔다. 이번에 개발된 기술은 침투성 경화제를 이용해 석면의 날림을 막고 안정화하는 기술로 즉시 상용화가 가능하다.

연구팀이 개발한 석면날림방지제는 나노실리카와 알카리 이온을 석면 표면에 부착시켜 석면의 미세분진을 크게 만들고 시멘트 석고 등의 결합력을 증가시켜 석면의 날림을 방지한다. 특히 석면날림방지제는 100% 무기질계 소재로 작업자의 안전은 물론, 환경오염 유발 요인이 없으며 침투성능과 섬유농도 감소율에서도 해외의 경쟁기술보다 우수한 것으로 나타났다.(비교실험 결과 첨부)

연구팀에 따르면 이번에 개발된 석면날림방지제를 석면 건축자재에 2회 처리한 결과 공기 중 석면의 농도는 1/4로 줄었다. 석면날림방지제를 2회 처리한 후 공기 중 석면의 농도를 측정한 결과 일반 표면의 경우 0.0036개/cc의 석면이 검출됐으며, 석면 건축자재를 인위적으로 파손시킨 경우에는 0.0069개/cc의 석면이 검출됐다. 이는 실내공기질관리법에서 규정한 '0.01개/cc 이하'를 만족하는 수치다.

석면 날림성을 비교하기 위하여 초속 5m로 바람이 부는 상황을 설정한 상태에서 실시한 이번 시험에서 석면날림방지제 처리 전의 공기 중 석면의 농도는 0.0152개/cc로 나타났으며, 지름 5mm의 구멍을 인위적으로 뚫어 실험한 경우에는 0.0244개/cc의 석면이 검출됐다.

○ 고형화
= 딱딱하게 굳히는

○ 철거 이전단계
= 이 제품을
사용하면 철거 때도
안전한

○ 미세분진을 크게
= 큰 덩어리로
쪼개져 날리지
않는다

○ 침투성능
=석면 깊숙한
곳까지 단단한게
접착시켜

이 보도자료의 내용을 정리해 보면 이렇다.

실내 공간 천정 등에 시공된 석면은 몸에 좋지 않아 발암물질로 분류된다.

이 석면가루가 실내 공간에서 날아다닐 수도 있고 또 철거공사 때는 정도가 심하다.

그런데 이 석면가루를 날아다니지 못하게 딱딱하게 굳혀 버리는 기술을 개발했다는 것이다.

생활에 도움되는 좋은 기술인데 보도자료는 공대 학위논문처럼 난해하다.

일단 '고형화'라는 표현을 '딱딱하게 굳히는'이라고 표현하면 자료는 엄청나게 쉬워진다.

"이 제품을 석면에 바르면 가루가 날아다니지 않고 딱딱하게 굳어진다"는 얘기다.

또 '철거 이전단계'는 "이 제품을 사용하면 철거 때도 안전한"으로 바꾸고 '미세분진을 크게'의 경우 "큰 덩어리로 쪼개져 날리지 않는다"고 바꾸면 더더욱 이해가 쉽다.

'침투성능'도 "석면 깊숙한 곳까지 단단하게 접착시켜"라고 하면 편하고 쉽다.

초년 기자 때 선배들에게 흔하게 듣는 소리 중 하나가 "기사를 쓸 때는 중학교 2학년 수준에 맞춰라"이다.

왜 중학교 2학년인지 과학적인 근거는 없지만 기사를 대중이 이해하기 쉽게 쓰라는 얘기다.

위에 예시를 든 보도자료를 중학교 2학년에게 보여주면 과연 이해를 할 수 있을까?

보도자료든, 온라인 콘텐츠든, 쉽게 이야기하듯 스토리텔링 기법으로 서술하면 대중에게 쉽게 다가설 수 있다.

오랫동안 스토리텔러로서, 그리고 스토리텔링을 사용하는 기업 컨설턴트로서 활동해온 아네트 시몬즈는 스토리의 기본적인 목적이 듣는 이들의 경계심을 해제하고 자신을 청중에게 순조롭게 다가가세 하는 데 있다고 보았다.

-나운봉 외, 『BRAND COMMUNICATION』, p.363, 산업정책연구원, 2005

보도자료를 신문기자가 쓴 기사 수준에 맞추려고 하면 의미가 없다.

기사 수준이 아니라 쉽게 서술하고 풍부한 근거자료를 첨부하는 것이 더 중요하다.

SNS 등 온라인 콘텐츠도 쉬운 스토리텔링과 충분한 근거자료를 제시하는 것이 바람직하다.

성공적인 홍보를 위해서는 우선적으로 쉬운 이야기로 전달해야 한다는 것이다.

그러기 위해 공공기관 홍보실무자는 자신이 홍보하려는 정책을 완벽히 이해하고 이걸 중학교 2학년 조카에게 설명할 수 있을 정도로 쉽게 표현할 수 있어야 한다.

공무원인 본인이 쉽게 스토리텔링할 수 없으면 일반 대중도 이해를 못하는 것이다.

업무를 완벽히 이해하고 쉬운 스토리텔링으로 설명할 수 있으면 좋은 카피도 뽑아낼 수 있다.

홍보라는 것이 거의 같은 맥락에서 이뤄지는데 그 근본적인 시발점은 홍보실무자 본인의 이해와 쉬운 표현이라는 것이다.

용어나 사업체제를 이해하지 못하면 사업부서 담당자를 졸라서라도 쉽게 이해해야 한다.

위 보도자료를 쉬운 스토리텔링 형식의 방송뉴스 원고로 바꿔 봤다.

표현과 용어만 바꿔도 쉬워집니다
◎ 미디어가 원하는 쉽고 간단한 자료

석면분진 잡는다

건물 철거나 리모델링 공사 때 발암물질인 석면 가루가 주민 건강을 위협했는데요. 이 걱정을 덜 수 있는 기술이 나왔습니다.

○ ○ ○ 연구원은 10일 "석면 표면에 바르기만 하면 깊숙한 곳까지 단단하게 접착시켜 가루가 날리지 않는 석면날림 억제 기술을 개발했다"고 밝혔습니다.

이 기술은 나노실리카라는 물질과 알카리 이온을 석면 표면에 발라, 석면 자체를 강하게 굳히는 방식입니다.

따라서 이 기술을 사용하면 건물 철거 때도 석면이 큰 덩어리 형태로만 떨어져 가루로 날리지 않는다는 장점이 있습니다.

또 평상시에도 석면이 안팎으로 단단하게 붙어 있어 실내공간에 석면가루가 떠다니지 않게 됩니다.

이 기술을 개발한 ○ ○ ○ 연구원 ○ ○ ○ 박사는 ….

VI. 결론과 요약

1. 흔한 아이템을 흔한 방법으로 홍보하면 절대 특별해지지 않는다.

모두가 하는 흔한 정책, 흔한 행사를 흔한 방법으로 홍보하면 절대 특별해질 수 없다.

○○시 시장의 연탄 배달 행사가 그렇다.

그걸 중앙일간지에 대대적으로 홍보하려 했다면 처음부터 잘 못된 생각이었다.

홍보가 잘되려면 행사내용과 콘셉트를 홍보의 관점에서 조정해야 했다.

2. 관리자와 홍보실무자는 홍보 트렌드를 알아야 한다.

조직의 관리자와 홍보실무자는 어떤 아이템이 언론보도가 가능하고 SNS 홍보가 가능한지 알고 있어야 한다.

이를 위해서는 관리자와 홍보실무자는 부단하게 언론매체를 분석하고 SNS 홍보 트렌드를 읽고 있어야 한다.

3. 홍보에도 단계가 있다.

SSPCI 모델을 숙지하라.

홍보의 5단계 침묵(Silence)-보여주기(Showing)-설득(Persuasion)-통제

(Control)-일체화(Integration)를 숙지하면 지금 내가 어떤 단계에 있는지 알 수 있다.

또 어떤 단계로 나아갈 것인가 목표를 설정할 수도 있다.

4. 기관의 업무를 종합적으로 꿰뚫어라.

공공기관 홍보실무자는 조직의 모든 업무를 파악하고 꿰뚫고 있어야 한다.

그래야만 홍보의 관점에서 조직의 업무를 분석할 수 있으며 홍보 요소들을 도출해 각종 매체에 론칭시킬 수 있다.

조직이 무슨 일을 하는지 모르는 홍보실무자는 존재 의미가 없다.

5. 특정 매체에만 집중하지 마라. 칸막이를 없애라.

미디어 믹스(Media mix) 시대다.

예전처럼 중앙일간지와 지상파 9시 뉴스에 나가는 것이 최고라고 생각하면 안 된다.

포털과 SNS채널, 때론 현수막 한 장도 결정적인 홍보매체 역할을 한다.

모든 매체를 소중히 여기고 홍보 케이스별로 선택과 집중을 해야 한다.

그러기 위해서는 홍보부서 내 각 팀별로 칸막이를 없애고 협업체제를 갖추어야 한다.

공보팀과 SNS팀이 별도로 움직여서는 안 된다.

6. 어떤 미디어를 활용할 수 있을까 숙지하라.

페이드 미디어, 온드 미디어, 언드 미디어.

트리플 미디어를 숙지하고 있으면 그때그때 어떤 미디어를 활용할지 신속하게 판단할 수 있다.

어떤 무기를 쓸 수 있는지조차 모르는 군대는 전쟁에 나갈 필요도 없다. 반드시 필패할 테니까.

트리플 미디어의 숙지는 홍보맨들에게 가장 기초적이고 우선적인 조건이다.

7. 홍보는 홍보부서만 하는 게 아니다.

IMC는 통합 마케팅 커뮤니케이션이다.

홍보부서만 홍보를 하는 시대는 지났다.

특정 정책, 특정 행사를 성공적으로 수행하기 위해서는 반드시 홍보가 잘돼야 한다.

그러기 위해서는 사업실무부서와 홍보부서가 부단한 협업을 통해

고객을 분석하고, 홍보매체를 선정하고, 메시지를 도출하는 작업을
해야 한다.

사업은 사업부서가, 홍보는 홍보부서가 하는 시대는 지나갔다.

8. 반드시 평가하라.

특정 정책이나 행사를 수행한다면 반드시 홍보활동에 대한 조사
평가를 실시해야 한다.

그 조사 평가에 대한 데이터가 축적된다면 어떤 행사에는 어떤 홍
보방법과 매체가 주효하다는 경험치를 얻을 수 있다.

이렇게 되면 보다 효율적인 홍보를 수행할 수 있다.

9. 고객을 분류하라.

모든 사람이 내가 수행하는 정책과 행사의 주고객이 될 수는 없다.

홍보하려는 정책과 행사의 고객을 1차, 2차, 3차로 분류하고 그들에
게 맞는 홍보매체와 방법을 선정하라,

10. 홍보에도 설계가 필요하다.

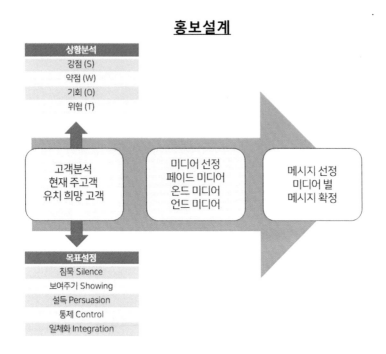

홍보설계

항상 이 순서도를 숙지해서 홍보를 설계하라.

설계 없는 주먹구구식 홍보는 예산 낭비이자 시간 낭비이고, 효율성을 따질 수 없는 관습적 행정의 반복이다.

홍보에도 설계가 필요하다는 문화를 조직에 정착시켜라.

11. 좋은 카피, 쉬운 스토리를 연습하라.

공직자가 언제 카피를 고민하고 스토리 기획을 하겠는가.

기왕에 홍보부서에 몸담고 있다면 근무하는 동안만이라도 좋은 카피, 쉬운 스토리 전개를 고민하고 연습해 보자.

사실 좋은 카피, 쉬운 스토리 전개는 홍보부서를 떠나 다른 부서에 가도 특별한 강점이 된다.

사회인으로, 부모로도 이런 능력은 귀하게 활용할 수 있다.

저는 스물일곱에 신문기자가 돼 서른여덟에 그만두었습니다.

기자 시절엔 공공기관과 수사기관, 정당 등을 출입했습니다.

서른여덟에 지금의 회사를 창업해, 오십이 넘은 지금까지도 각종 공공기관과 선거 출마 후보들을 주된 고객으로 모셔왔으니 저는 기자 때나 지금이나 공공의 홍보영역에서 먹고살고 있는 셈입니다.

기자 때는 말이 안 되는 보도자료는 안 쓰면 그만이었지만 지금은 말이 안 되는 홍보아이템이라도 말이 되게 바꿔주고 각종 매체에 론칭시켜야 하는 점이 달라졌지요.

기자 때부터 지금까지 많은 공공기관의 무수한 홍보맨들을 만나왔습니다.

예전에는 기자들과 낮술 밤술 잘 먹는 홍보맨들이 인정을 받기도 했습니다.

하지만 지금은 사정이 많이 달라졌습니다.

음주문화 자체가 줄었고, 미디어가 다양화되면서 홍보맨들의 업무영역이 예전보다 몇 배는 증폭됐습니다.

그러면서 공비총(공보, 비서, 총무)로 불리던 핵심 보직에서 홍보(공보)

는 3D 직업으로 바뀌었다는 자조까지 나옵니다.

그런 공공기관의 홍보맨들을 도와주는 입장에서 저는 늘 아쉬움을 느꼈습니다.

바뀐 미디어 환경에 적응하지 못하고 관습적인 홍보에만 매달리고 있는 홍보맨들, 절대로 그렇게 하면 안 된다고 말려도 상관들의 지시 때문에 어쩔 수 없이 오류를 범하는 홍보맨들, 조직의 업무를 장악하지 못한 채 기관장 빛내는 일에만 매달리는 홍보맨들, 책 한 권 분량의 보고서를 제출해도 용역비는 지급하되 실무에는 활용하지 않는 홍보맨들….

그런 아쉬움들이 이 책을 쓰게 했습니다.

이제 미디어 환경은 완전히 바뀌었습니다.

예전처럼 신문과 방송에만 의존하던 시대에는 홍보활동에 대해서 따로 조사와 평가를 하지 않아도 됐습니다.

미디어라곤 몇 개 되지도 않는 상황에서 평가는 의미가 없었지요.

그러나 지금은 무수한 미디어들이 엄청나게 다양한 형태로 강물처럼 흐르고 있습니다.

그래서 지금은 홍보활동에 대해 반드시 조사와 평가를 해야 하고 그 경험치를 차후 홍보에 활용해야만 예산과 인력 낭비를 막을 수 있습니다.

콘텐츠를 유통시켜야 할 미디어도 늘어난 데다 변변치 못한 콘텐츠를 내놓을 경우 그냥 밑바닥 언저리에 깔려버립니다.

그 밑바닥 언저리는 늘 공공기관들이 생산한 콘텐츠들이 차지하고 있지요.

공공기관은 늘 권위 있고 점잖아야 한다는 관습적 사고가 홍보를 퇴보시키고 있는 것이지요.

물론 그렇지 않고 훌륭한 홍보를 수행하는 기관도 많이 있습니다.

일부 학술적 근거 등을 인용했지만 책의 내용은 모두 제가 보고 느낀 공공기관 홍보맨들의 모습을 상정하고 서술했습니다.

공공기관 홍보맨들은 예나 지금이나 저의 좋은 친구이고 동지이니까요.

부디 이 책이 공공기관 홍보의 새로운 패턴 찾기와 미래 계획수립에 많은 도움이 되기 바랍니다.

책이 나오도록 도와준 저희 회사 ㈜커뮤니케이션 하심 직원들에게 감사를 전합니다.

공공기관 홍보맨들의 파이팅을 기원합니다.

배한진 올림

『선전과 여론 설득』, 유일상 저, 도서출판아침, 2001

『BRAND COMMUNICATION』, 나운봉 외, 산업정책연구원, 2005

『커뮤니케이션 이론』, 세버린·탠카드 공저, 박천일·강형철·안민호 공역, 2005

『정부PR』, 유재웅 저, 커뮤니케이션북스, 2010

『PR전략론』, 윤희중·신호창 편저, 책과길, 2001

〈2020년 언론수용자 조사〉, 한국언론진흥재단, 2020

매일경제용어사전, 매경닷컴

공공기관 홍보실무론